LES SYMBOLES DU BOUDDHISME TIBÉTAIN

© Éditions Assouline
26-28, rue Danielle-Casanova, 75002 Paris, France
Tél. : 01 42 60 33 84 Fax : 01 42 60 33 85
Accès Internet : www.assouline.com

Dépôt légal : 2e semestre 1999
pour la présente édition revue et corrigée.
2e semestre 1996 pour la première édition.

ISBN : 2 84323 145 0

Photogravure Gravor (Suisse)
Imprimé par Canale (Italie)

LES SYMBOLES DU BOUDDHISME TIBÉTAIN

PRÉFACE DU DALAÏ-LAMA

TEXTE DE CLAUDE B. LEVENSON
PHOTOGRAPHIES DE LAZIZ HAMANI

EDITIONS ASSOULINE

Sommaire

PRÉFACE

THE DALAI LAMA

Le bouddhisme tibétain est une tradition riche en symboles. Non seulement nous en avons une multitude, mais nombre d'entre eux ont des significations diverses. Les unes sont simples et les autres profondes. Représentant des valeurs intérieures sous des formes physiques, ces symboles visent à montrer les nombreux niveaux et aspects différents du *Dharma*. Le bouddhisme tibétain s'exprime par une telle variété de symboles que n'en mentionner ici qu'un ou deux exemples ne lui rendrait guère justice.

Le symbolisme le plus complexe du bouddhisme tibétain se trouve dans les *tantras*. La pratique tantrique comprend la visualisation de divinités de méditation, parfois avec plusieurs visages et paires de bras, ainsi que de leurs *mandalas* figuratifs. Tous ces traits et caractéristiques revêtent une profonde valeur symbolique, qui se révèle à mesure que l'on progresse dans la pratique et la méditation. Mais le cœur de la pratique bouddhique du *Tantrayâna* est l'union indestructible de la méthode et de la sagesse, l'aspiration altruiste à l'éveil et la compréhension de la vacuité, qui est symbolisée par le *vajra/foudre* et la clochette utilisés dans les rituels tantriques.

Je suis sûr que ce beau livre, reflétant la richesse du symbolisme du bouddhisme tibétain, approfondira l'appréciation de notre culture et de sa contribution singulière au précieux héritage commun du monde. J'espère aussi qu'il pourra inspirer les lecteurs à soutenir nos efforts en vue de garder vivantes ces traditions.

Le Dalaï-Lama, le 10 mai 1996

INTRODUCTION

PHILOSOPHIE OU RELIGION, MODE DE VIE OU MODALITÉ D'ÊTRE, LE BOUDDHISME NE CESSE D'INTRIGUER. SES MULTIPLES VISAGES TÉMOIGNENT de la diversité de ses chemins, et ses innombrables facettes peuvent désorienter le néophyte. L'essence, pourtant, demeure, racine profonde commune à tous les chercheurs en quête de connaissance : un homme, ancré dans un moment d'histoire, s'est éveillé pour affirmer qu'il est du pouvoir de chacun d'atteindre à la sagesse. La métamorphose n'est pas soudaine, ni ne peut s'opérer du jour au lendemain, elle exige de la réflexion et du temps, de la volonté et du courage. Elle peut prendre une vie, ou des vies, mais elle est possible. Le reste n'est qu'affaire d'interprétation et de cheminement, de lecture aussi de multiples symboles.

Siddhârtha Gautama est né vers 550 avant l'ère chrétienne, à Kapilavastu, aux confins de ce qui est aujourd'hui l'Inde et le Népal. Ce fils de roi du clan des Çâkya fut le contemporain de Lao Tseu et de Confucius, de Zarathoustra, de Platon et de Socrate. Lors d'une promenade avec son cocher, il croisa successivement un vieillard, un malade, un cadavre mené au bûcher et un ascète errant. Décidé à trouver le remède à ces inévitables maux de la vie humaine, le prince quitte palais, femme et enfant pour se consacrer à cette recherche devenue pour lui essentielle. Des années de privations et d'austérités se révèlent vaines, jusqu'à ce que l'explorateur brise enfin le mur de sa propre ignorance et trouve la clef de cette irrépressible quête durant une longue méditation sous le majestueux arbre sacré (*Ficus religiosa*) de Bodh Gayâ.

Désormais à jamais lucide, le prince enseigne sans relâche les Quatre Nobles Vérités de la souffrance, de son origine et de sa fin, et des moyens de s'en affranchir. Il suscite au cours de son errance monastique de multiples vocations, et ses disciples s'engagent à répandre la Bonne Loi. Devenu le Bouddha (en sanskrit "l'Éveillé"), seigneur de la connaissance et de la sagesse (la *bodhi*), l'homme s'éteint à Kushinagar, à plus de 80 ans (vers 478 avant l'ère chrétienne). Ses disciples disent qu'il est entré en *nirvâna*, la libération ou l'extinction suprême. Là s'achève l'Histoire et prennent naissance les histoires, celles des millions d'êtres humains qui, génération après génération, pays après pays, trouvent réconfort et direction dans les enseignements de l'Éveillé.

L'histoire du bouddhisme prend désormais différentes couleurs, à mesure qu'il conquiert par la parole et l'exemple l'espace géographique et les hommes. La doctrine elle-même finira par disparaître temporairement des terres indiennes, en raison du glaive des troupes mahométanes et de la faculté de récupération de l'hindouisme, qui fait du Bouddha un avatar de Vishnu. Empruntant cependant la grande route de la soie et les sentiers buissonniers de la Haute-Asie, des messagers érudits portent au loin les paroles du maître, qui vont germer jusque dans les îles lointaines de Taprobane, de Java et du Japon. De vigoureuses boutures voient encore le jour dans les péninsules indochinoise et coréenne, dans les monts de Chine, pour escalader enfin le rempart himalayen et s'implanter, à partir du VIIe siècle, sur les hauts plateaux du Pays de Bod.

Au fil de ces voyages, au gré de ces échanges, naissent des écoles parallèles du Cachemire à la Chine, avec des fortunes diverses selon les époques. Des grands sites de l'Inde – Bodh Gayâ, Nâlanda ou Sarnâth – au *mandala* splendide de Borobudur, à Java, en passant par Anurâdhapura ou Polonâruwa, à Ceylan, Nara, au Japon, les grottes célèbres de Dunhuang ou de Kuei-Lin, en Chine, l'oasis perdue de Kara-Khoto ou les étapes de la Serinde, sans oublier les monastères de la forêt du Siam ou de Birmanie, ou encore naguère les vastes cités monastiques du Tibet, leur héritage et leurs vestiges témoignent d'une richesse artistique accomplie, habilement adaptée au caractère local. Ce qui explique aussi la diversité dans l'expression de symboles communs, interprétés à chaque fois selon le caractère propre de celui qui les façonne ou les vénère.

Dans ces pages, il ne sera possible d'aborder qu'un choix arbitraire de symboles : dans le foisonnement des expressions, mieux valait s'arrêter à des aspects moins connus, d'une approche plus délicate. Alors, pourquoi le Tibet ? Au-delà des modes, le Haut-Pays a toujours exercé une telle fascination que tout lui a été prêté, le meilleur comme le pire. Son relatif isolement, délibéré d'abord, puis imposé de l'extérieur, lui a certes donné une enviable tranquillité pour développer à l'infini des spéculations philosophiques sur le temps et les univers ; mais ce fut aussi au prix exorbitant d'une destruction programmée, méthodiquement mise en œuvre. D'où l'urgence de mieux comprendre ses symboles pour en sauvegarder le message, faute de quoi cette civilisation pourrait disparaître sans remède.

Esprit et matière, espace et temps, haut et bas : toutes les paires de contraires sont susceptibles de cent explications, mille interprétations, autant de variations qu'il y a de potentialités en germe dans l'esprit humain. Dans un monde conçu non pas comme statique, mais en perpétuel devenir, où l'être humain a le privilège et le pouvoir de s'accomplir, l'espace devient comme un temps visible. Selon l'enseignement bouddhiste, dans leur clairvoyance, les Bouddhas des trois temps focalisent en un point unique, le présent, le passé et l'avenir, bien que ce dernier ne ressorte explicitement que du domaine de la probabilité.

"L'essence des enseignements ne change pas, explique le dalaï-lama. Où qu'ils soient suivis, ils sont applicables. Il n'empêche que leurs aspects superficiels, certains rituels ou cérémonies, ne cadrent pas forcément avec de nouveaux environnements. Ces choses-là changent. Nul ne saurait prédire ce qu'en fera l'évolution du temps en tel lieu : quand le bouddhisme est arrivé au Tibet, nul n'avait autorité quant à la manière de pratiquer ses rites. Aucune décision dogmatique n'a été prise, et avec le temps une tradition unique s'est peu à peu façonnée dans sa singularité. Selon les pays, l'héritage culturel est distinct : et si l'essence demeure inchangée, la pratique du bouddhisme diffère d'une latitude à l'autre."

Aussi convient-il de déchiffrer les signes, de s'initier à une nouvelle grille de lecture qui ouvre des perspectives insoupçonnées. L'horizon s'éloigne pour s'adapter aux grands espaces, débouchant parfois sur des interrogations d'autant plus vertigineuses que le Bouddha a dit : "La vie n'est pas un problème à résoudre, c'est une réalité à expérimenter". Balayées les certitudes courantes, il faut pousser le questionnement jusque dans ses derniers retranchements, et au fil des images qui sont autant de projections de l'esprit, entreprendre en solitaire sa propre marche vers la lumière. Les symboles ne sont que des repères, des bornes indicatrices au bord du chemin.

Les premiers habitants du pays de Bod, dit la mémoire collective, étaient fils d'un singe et d'une démone des rochers. Non du premier primate venu, certes, puisqu'il s'agissait d'une émanation du *bodhisattva* de la compassion, ni d'une quelconque magicienne, car c'était une divinité ; mais les Tibétains ont gardé de cette ancestrale filiation les pieds solidement plantés en terre et le regard tourné vers les étoiles. Certains d'entre eux ont surtout conservé le goût des étendues sans fin et le sens profond du chemin, une nostalgie du nomadisme dans l'âme, et parfois un indéniable penchant pour la fantaisie.

Leur manière de percevoir le monde s'en est ressentie : alliant profondeur et simplicité, l'un de leurs grands sages résume la doctrine multiséculaire de façon lapidaire, en deux préceptes fondamentaux : pour le Petit Véhicule ou *Theravada*, assise de toute pratique, "ne pas nuire aux autres" ; et pour le Grand Véhicule ou *Mahâyâna*, base de la réflexion méditative, "aider les autres". Pour ceux qui entendent s'aventurer plus loin, le *Vajrayâna* ou *Tantrayâna*, ou encore Véhicule de Diamant, mène immanquablement à l'éveil plénier. Singularité du bouddhisme tibétain, il est l'heureux mariage des enseignements des deux étapes antérieures. C'est juste une question de temps. La liberté totale est à portée de main, ou de cœur : elle commence dans l'esprit de chacun, elle est sans limite autre que le respect d'autrui, elle est aussi le gage de l'ac-complissement de l'être.

À cette aune-là, chaque symbole décrypté, médité et assimilé, est une clef vers un univers en perpétuelle évolution, où la mémoire remonte au plus lointain passé et dévoile en chacun d'entre nous les potentialités du futur. Mais c'est aussi un chemin solitaire, que nul n'est en mesure de parcourir pour autrui.

CHAPITRE 1

LA ROUE DU TEMPS

DES CYCLES TEMPORELS POUR RYTHMER LES GESTES INTEMPORELS DU QUOTIDIEN

LA ROUE DU TEMPS EST LA MANIÈRE TIBÉTAINE D'ANCRER L'ÊTRE HUMAIN DANS SES DIMENSIONS MATÉRIELLE, SPIRITUELLE ET universelle. Elle est exécutée en sables colorés pour des initiations ou représentée sur des rouleaux de tissu brodé ou peint.

Diagramme somptueux et coloré de l'un des enseignements les plus complets du *Vajrayâna*, la Roue du Temps, ou initiation de *Kâlachakra*, est à la fois l'ouverture d'un chemin vers la connaissance et le sentier qui mène à l'harmonie. Cette harmonie procède d'une subtile résonance entre le corps et l'esprit humains, et l'univers extérieur qui leur sert d'écrin dans ses dimensions astrologique et cosmique.

En mariant en une forme subtile l'éphémère et le sensible, les sages himalayens voient dans la pratique rigoureuse et complète du *Kâlachakra* la possibilité d'accéder à l'éveil en une seule vie. C'est dire d'emblée sa complexité.

Si l'on en croit Tenzin Gyatso, l'actuel dalaï-lama, quatorzième de la lignée, la symbolique de la Roue du Temps est étroitement liée à notre monde et à notre époque : "Nous croyons fermement en son pouvoir de réduire les tensions, explique-t-il, nous l'estimons apte à créer la paix, la paix de l'esprit, et par conséquent à favoriser la paix dans le monde. Un jour, dans les siècles à venir, le royaume de Shambala pourrait fort bien réapparaître dans la réalité qui semble être la nôtre, et contribuer à l'œuvre d'ensemble qu'il nous faut encore accomplir en ce monde."

Le hiérarque spirituel a lui-même conféré cette grande initiation à plus de vingt reprises, depuis 1954 à Lhassa dans son Tibet natal, jusqu'en 1995 à Oulan-Bator en Mongolie, en passant par Bodh Gayâ et Sarnâth, ces hauts lieux du bouddhisme, Rikon en Suisse, Madison aux États-Unis, Barcelone en Espagne, ou encore Leh au Ladakh et Mungod en Inde du Sud. Assister à pareille initiation – suivre l'élaboration du *mandala*, écouter l'enseignement, pénétrer par la visualisation cet univers de couleurs et de symboles, faire le tour du cosmogramme sacré et s'en purifier le regard, sèment les germes d'une prochaine renaissance heureuse.

En accordant l'être humain au cosmos, le *Kâlachakra* met en jeu les forces de l'intérieur et de l'extérieur, illustrées par le *mandala*, support de méditation et diagramme de l'univers, avec toutes les correspondances qu'il engendre. Au cœur du *mandala*, au plus secret du sanctuaire de la divinité,

Divinité du Kâlachakra (thangka *de collection privée).*

dans le palais de la conscience primordiale représenté par le *vajra* bleu, *Kâlachakra* est symbole de lune, tandis que sa parèdre Vishvamata figure le soleil sous forme d'un point jaune orangé. Sagesse et compassion s'unissent ici dans une étreinte où se dissolvent toutes les contradictions, en un vide porteur de tous les possibles.

Mais la Roue du Temps est aussi le mécanisme qui régit le calendrier du quotidien, issu des rythmes lunaires. On ne s'étonnera pas de percevoir une double racine, indienne et chinoise, dans le calcul du temps tibétain. Il semble que l'influence de l'Inde ait été prépondérante, quand bien même la désignation des années conserve une forte empreinte chinoise. Afin de distinguer ces deux influences, on qualifie de "mathématiques blanches" le comput indien, et de "mathématiques noires" la manière chinoise, recouvrant aussi les pratiques divinatoires. Almanachs et tabelles astrologiques sont fréquemment utilisés dans la vie courante, et scandent les événements marquants de l'année.

Les jours de la semaine sont nommés en fonction des planètes, et forment des mois de trente jours, d'appellation strictement ordinale : premier mois, deuxième mois, etc. Chaque mois débute à la nouvelle lune, si bien que la pleine lune en marque le milieu. L'année tibétaine est donc lunaire, et commence à la nouvelle lune de février, précédée par une journée dite *Gutor*, durant laquelle on se débarrasse de tout ce qui a été négatif au cours de l'année écoulée. La veille du *Lo-Sar* (Nouvel An) est consacrée en général au nettoyage approfondi de sa maison ou de sa tente chez les nomades.

Jours fastes et néfastes sont pris en compte dans les activités quotidiennes, le huitième jour du mois étant dédié au Bouddha de médecine, le quinzième au Bouddha Amitabba, et le trentième à Çakyamûni, le Bouddha historique. En ces jours particuliers, les effets de toute action, positive ou négative, sont multipliés par cent. Afin de rétablir la concordance entre les années solaire et lunaire, un jour est simplement sauté de temps à autre, et les ajustements nécessaires sont régulièrement opérés pour éviter d'inextricables difficultés.

Douze animaux – souris, bœuf, tigre, lièvre, dragon, serpent, cheval, mouton, singe, oiseau, chien et cochon – composent dans cet ordre le cycle duodécimal, dont cinq périodes révolues constituent à leur tour un cycle de soixante années. Pour éviter les confusions, on ajoute à chacun de ces symboles un élément, terre, métal, eau, bois, feu ; un genre, masculin ou féminin ; parfois même une couleur, qui correspond en fait aux éléments : jaune ocre pour la terre, blanc pour le métal, bleu pour l'eau, vert pour le bois et rouge pour le feu. Les calculs astrologiques, toujours pratiqués en médecine et pour établir les horoscopes, utilisent largement ces données multiples, avec une précision dont s'étonnera plus d'un esprit rassis. À titre d'exemple, l'année tibétaine 2123, de la souris de feu, a débuté le 19 février 1996.

Calendrier astrologique (métal repoussé). Yama, Seigneur de la Mort, tient un disque dans lequel s'inscrivent les trois poisons, les huit signes de bon augure et les douze signes du zodiaque.

CHAPITRE 2

LA ROUE DE LA VIE

CHACUN S'ACCORDE À SA PROPRE CONSCIENCE SPIRITUELLE

LA ROUE DE LA VIE INSCRIT VISUELLEMENT LES DIVERSES ÉTAPES DES EXISTENCES. ON EN TROUVE GÉNÉRALEMENT PEINTES SUR UN mur ou sur papier voire sur tissu, dans tous les monastères. Elle rappelle à tous les êtres sensibles que le but suprême demeure l'Éveil. Reproduite ou recréée sans relâche, elle a accompagné des générations de rudes nomades ou de fins lettrés sur les voies multiples de la recherche ou de la dévotion, remémorant à chacun le temps qui passe et les Quatre Nobles Vérités : l'existence de la souffrance, son origine et ses causes, sa cessation et la voie pour y atteindre.

Traditionnellement, le Seigneur de la Mort au regard courroucé, les crocs proéminents et le front ceint d'une couronne macabre, tient solidement entre ses bras puissants un grand disque où s'inscrivent quatre cercles concentriques de dimensions codifiées. Pourvu d'ongles griffus, d'une peau de tigre dont on aperçoit la queue et les pattes arrière, ce personnage terrifiant porte de riches bijoux serpentins. Il est censé figurer le destin, ce qu'on appelle d'ordinaire le *karma*, et symbolise le caractère transitoire de tous les phénomènes. La marche à suivre pour interpréter ce bréviaire existentiel débute au centre. Le premier cercle contient les trois poisons spirituels responsables des maux à venir : un cochon noir pour l'ignorance, un serpent vert pour la haine et l'envie, un coq rouge pour la concupiscence et la cupidité. Un deuxième cercle l'entoure, mi-blanc, mi-noir. Quiconque se laisse piéger par ses impulsions mauvaises prend le chemin d'ombre (*Ngan-Grohi Lam*) qui conduit aux renaissances malheureuses et aux enfers. Les autres empruntent le sentier de lumière (*De-Grohi Lam*) qui mène aux renaissances meilleures et aux terres de libération.

Une douzaine de tableautins, au demeurant explicites, constituent le cercle extérieur du grand disque. Ils déroulent les étapes de l'existence humaine, avec des symboles d'accès facile. À commencer en bas à gauche, le vieil homme cherchant son chemin demeure sous l'emprise de l'ignorance, qui est un aveuglement spirituel. Ensuite, dans le sens des aiguilles d'une montre, le potier qui tourne un pot façonne son destin par ses propres actes. Le singe qui saute de branche en branche renvoie à une conscience incontrôlée chez les ignorants qu'il importe de discipliner pour en acquérir la maîtrise. Le coracle et ses deux passagers représentent le nom et la forme, ou les énergies – physique et spirituelle – insépa-

Représentation traditionnelle du cycle Samsâra.

rables dans le courant de la vie. La maison aux cinq fenêtres de la cinquième vignette évoque les cinq sens et la faculté de la pensée, sans lesquels il n'est point de perception du monde extérieur. L'homme et la femme enlacés figurent le contact, conséquence des perceptions.

Les émotions viennent ensuite ; ainsi, la femme offrant à boire à l'homme éveille le désir, symbole de la soif de vivre nourrie de perceptions. Il en résulte l'attachement sensuel, la tendance à s'attacher à l'objet du désir : un homme lorgne les fruits de l'arbre. À la case suivante la jolie fille suggère la procréation, une nouvelle vie en train de germer. Puis c'est l'accouchement, une vie nouvelle. La dernière étape terrestre, enfin, est sanctionnée par la mort, et la préparation à une prochaine naissance dans l'un des six mondes qui constituent notre univers.

Entre le cercle extérieur des saisons humaines et la double voie blanche ou noire, s'étendent les six mondes où l'être doit renaître en fonction de ses propres actes du corps, de la parole et de la pensée. C'est d'abord, au milieu de la partie supérieure, le paradis temporaire des dieux : car les dieux meurent aussi, faute d'entendre la mise en garde implicite du Bouddha contre la vanité des plaisirs. Parfois, des échos de lointains combats leur parviennent depuis l'empire voisin des Titans, qui bataillent ferme pour satisfaire d'irrépressibles ambitions. Parmi eux, le Bouddha porte l'épée.

Dans la moitié inférieure, trois espaces où il ne fait pas bon revenir : des lieux lugubres où de malins esprits s'acharnent à multiplier les tourments. À droite, des monstres avides que torturent la soif et la faim ne peuvent apaiser leurs désirs en raison de difformités physiques rédhibitoires. Leur ciel, pourtant, est éclairé par un Bouddha porteur d'une cassette débordant de joyaux de l'esprit. Un peu plus bas, ce sont les séjours infernaux, où règnent le feu et la glace pour châtier les coupables de mauvais coups perpétrés sous l'empire de la haine ou de la colère. Ce monde épouvantable est surveillé par un acolyte du Seigneur de la Mort, qui mesure le poids des actions de chacun. Le Bouddha ici est porteur d'une flamme, celle de l'espoir, car nulle vie où que ce soit n'est éternelle.

Le dernier palier inférieur, à gauche, est peuplé d'animaux, esclaves du bon vouloir d'autres êtres, et le Bouddha y témoigne de sa présence par le livre. Entre ce règne animal et le séjour des dieux, l'espace est celui des hommes avec toute leur diversité. C'est à l'être humain qu'échoit en définitive le plus grand privilège, car dans ce kaléidoscope bariolé à l'infini, il est le seul à pouvoir faire son choix, à prêter consciemment l'oreille à l'enseignement du moine mendiant qui lui indique la voie de la cessation de la souffrance. En s'éveillant de son rêve halluciné, il s'affranchit de toutes chaînes, d'or ou de fer. Mais sur le sentier c'est à lui de marcher.

Le Dalaï-Lama en train de commencer le tracé d'un mandala.

C H A P I T R E 3

La Roue de la Loi

Aider autrui, à tout le moins, ne pas lui nuire

LA ROUE DE LA LOI EST PRÉSENTE DANS TOUS LES LIEUX SACRÉS TIBÉTAINS : ELLE COMPORTE GÉNÉRALEMENT HUIT RAYONS, ET SE PRÉSENTE sur le fronton principal des monastères, grands ou petits, flanquée de deux gazelles ou daims. Elle figure avant tout la doctrine prêchée par le Bouddha historique, et les gracieux animaux qui l'accompagnent représentent ses deux premiers auditeurs ou disciples. Mais le bouddhisme ne laisse rien au hasard, et derrière l'apparente simplicité de cette première explication se déroule, réflexion après réflexion, un sens approfondi du symbole qu'il faut suivre à la façon d'un fil d'Ariane afin de ne pas se perdre.

La roue, ou *chakra*, c'est le cycle sans cesse recommencé des naissances et des renaissances, le *samsâra* où évolue à l'infini la multitude des êtres pris dans les rets de l'illusion. Si l'on parle ici de loi, c'est bien dans son acception de "vraie nature", celle qui fonde la règle naturelle de l'Univers : l'éthique et la morale de l'être humain. Vérité suprême de toute la diversité des mondes et des univers, elle a été perçue, comprise et définie par le prince Siddhârta Çakyamûni, devenu l'Éveillé, qui la formula pour la rendre intelligible aux générations du cycle cosmique actuel.

Les huit rayons de la Roue de la Loi symbolisent l'Octuple Sentier, les huit voies de libération qui mènent à l'Éveil. À quatre rayons, la Roue évoque les quatre "instants" cruciaux de la vie du Bouddha, et les disciples la considèrent comme une arme imparable en vue de maîtriser les passions. Elle est aussi le rappel constant des Quatre Nobles Vérités de la souffrance, de son apparition, de sa cessation et de la voie qui y conduit.

Dans la tradition tibétaine, la Roue de la Loi a été mise en mouvement à trois reprises : lors du premier enseignement prodigué par le sage nouvellement éveillé au parc aux daims, près de Sarnâth ; lors de l'apparition du *Mahâyâna* ; et enfin quand s'est manifesté le *Vajrayâna* ou *Tantrayâna*.

La Roue de la Loi symbolise en outre la voie du milieu. C'est le sentier suivi par Çakyamûni, qui a prôné de se garder des extrêmes, de l'ascétisme excessif comme de la débauche effrénée, afin d'accéder à la connaissance suprême, qui est point d'équilibre à mi-chemin de la réalité et de la non-réalité des choses. C'est dire à quel point la Roue de la Loi est un symbole fondamental, fondant de multiples interprétations, même si ces diverses facettes sont autant de reflets d'une essence unique.

Représentation classique au fronton d'un monastère, avec les deux daims emblématiques des deux premiers disciples.

La légende de Siddhârta rapporte qu'après six années d'un ascétisme rigoureux et vain, le Bouddha en devenir se réconforta d'un bol de riz et entreprit de méditer sous un arbre sacré, sur la rive occidentale de la Lilajan (à une dizaine de kilomètres au sud de Gayâ, au Magadha), le moderne Bihar. Il avait décidé de ne quitter le lieu qu'après avoir atteint à l'Éveil, la *bodhi*. Au cours d'une fameuse nuit, il parvint au but qu'il s'était assigné, malgré les tentations des légions de Māra, maître de la mort et des illusions ; et l'aurore nouvelle lui apporta l'omniscience.

Sept semaines durant, Çakyamûni goûta cette félicité inouïe dans les parages immédiats, devenus sacrés depuis, de Bodh Gayâ. Près de l'arbre de Rajyatana, il rencontre alors Tapussa et Balluka, deux marchands de la province indienne d'Hutkala (aujourd'hui l'Orissa), qui sont ses deux premiers adeptes. Les deux daims qui accompagnent la Roue, ce sont eux : d'autres disent que ce sont des gazelles, et d'aucuns soutiennent qu'en fait, ce sont des licornes...

Assise de l'existence humaine, la Roue de la Loi est inséparable de la notion de *karma*, c'est-à-dire de l'acte : toute action est le fruit d'un acte antérieur, et entraîne à son tour une conséquence. C'est cet enchaînement qui forme la loi dite de causalité. Elle n'implique cependant pas un déterminisme aveugle ou implacable, car si le *karma* façonne les situations présentes en fonction d'actes précédents, l'individu conserve la faculté d'apporter sa propre réponse aux conditions du moment. Il a le choix entre persister dans la direction que déterminent ses actes passés, ou s'engager au contraire dans une voie qui l'allège de ses mauvais penchants.

Autre caractéristique, l'intention prend généralement le pas sur l'accomplissement de l'acte proprement dit. Aux yeux des bouddhistes, il importe donc d'éviter tout dessein malfaisant, car il suffit d'en former l'idée pour qu'il se traduise en conséquences karmiques, bonnes ou mauvaises. En revanche, accomplie sans haine, sans convoitise ni confusion, l'action reste dépourvue de résultat karmique, quelle qu'elle soit. L'acte est physique, mais aussi psychique ou verbal : d'où la nécessité de garder purs le corps, l'esprit et la parole qui sont les bases d'une existence conforme à la Loi.

La Roue de la Loi ne cesse de tourner qu'à l'instant précis où se dénouent à jamais les liens de la causalité, lorsque l'individu se libère de l'illusion et accède à jamais à la sagesse omnisciente de l'Éveil.

Roue de la Loi, tracée sur une route.

CHAPITRE 4

BONNETS ROUGES ET BONNETS JAUNES

SOUS L'AILE PROTECTRICE DES TROIS JOYAUX

ATTRIBUT DE CERTAINS RITES, LA COIFFE EST DEVENUE SIGNE EMBLÉMATIQUE DES ÉCOLES DITES DES ANCIENS (ROUGE) ET DES MODERNES (jaune). Au cours de l'évolution locale de la doctrine bouddhiste, quatre ordres principaux sont apparus sur le haut plateau tibétain. Après une première vague de traduction des textes fondateurs, on assiste au VIIe siècle à la naissance de l'école *Nyingma*, dont les adeptes sont généralement appelés les Anciens et se réclament de l'héritage du sage Padmasambhava.

Après de sanglants affrontements politiques et religieux aux siècles suivants, qui faillirent anéantir la Bonne Loi et remettre en selle les croyances antérieures, la nouvelle floraison de la doctrine donne naissance aux écoles *Sakya* et *Kagyu*. D'autres courants fleurissent à leur tour autour de maîtres spirituels qui, se fondant sur une interprétation personnelle des textes, enrichissent la réflexion philosophique et forment leurs disciples à l'exercice d'une voie d'accès particulière à l'Éveil.

Se faisant et se défaisant à un rythme aléatoire, souvent ancrés en un lieu reculé à la suite de la présence sur place d'un ermite ou d'un ascète, certains ordres mineurs durent l'espace d'une existence humaine – celle du maître. D'autres perdurent et se déploient sur des chemins buissonniers toujours plus ou moins proches de l'Octuple Sentier. Tel est le cas notamment au sein de l'ordre Kagyu, qui connaît nombre d'avatars, ou de l'école Kadampa, originellement associée au monastère de Réting et dont l'influence demeure marquante dans l'ordre Geloug.

Dernière venue sur la scène colorée du bouddhisme tibétain, l'école de "ceux qui pratiquent la vertu" doit sa naissance au grand érudit réformateur Tsong-Khapa, qui fonda en 1409 le célèbre monastère de Ganden, après avoir puissamment contribué à la création de ceux de Sera et Drépung. Ces trois grandes universités monastiques sont d'ailleurs toujours considérées comme "les Trois Piliers du Tibet". Les *Geloug-pa* finirent d'ailleurs par prendre la préséance sur les autres (*Nyingma-pa*, les *Sakya-pa* et les *Kagyu-pa*) en raison principalement de l'affirmation sur le plan politique du dalaï-lama, lignée de transmission des savoirs et de la sagesse se réclamant de la réforme de Tsong-Khapa.

Il convient néanmoins de se garder de l'impression d'un antagonisme perpétuel entre ces diverses obédiences. Sans doute les relations ont-

Statue du XVIIIe siècle représentant Tsong-Khapa, réformateur et fondateur de l'école de "ceux qui pratiquent la vertu".

elles été parfois conflictuelles entre les ordres, en raison de rivalités personnelles et de divergences d'intérêts, souvent inspirées par des alliés extérieurs temporaires. Sur le plan de la doctrine cependant, bonnets rouges et bonnets jaunes se reconnaissent tous fidèles et serviteurs de la loi du Bouddha. D'ailleurs, si les premiers sont associés aux Anciens et les seconds plus proches de l'ordre Geloug, il arrive qu'au cours de rituels spécifiques l'une ou l'autre coiffe soit utilisée.

Premier pas indispensable pour les bouddhistes du Haut-Pays, s'engager pleinement sur la voie implique "*kyabdro*", c'est-à-dire "prendre refuge" auprès du Triple Joyau. Les bouddhistes tibétains en font d'ordinaire un préalable à toute initiation à la Bonne Loi, car la pratique concrète est indissociable de l'étude livresque ; et que pour accomplir correctement les exercices de méditation, il est nécessaire d'avoir un maître apte à diriger ce double apprentissage.

De cette exigence découle un autre impératif, le choix mutuel et judicieux qui cimente la relation entre maître et disciple. Le fondement de la vision bouddhiste demeure où que ce soit le Bouddha, son enseignement (le *dharma*) et la communauté monastique (le *sangha*), à la fois pierre de touche et protection de la quête spirituelle. Avec l'évolution du *Mahâyâna* qui avance la notion d'universalité de la bouddhéité au-delà de la personnalité historique de Çakyamûni, le développement du *Vajrayāna* accroît la prééminence du maître-instructeur qui en incarne le principe vivant parmi les hommes. D'ailleurs, "lama" n'est pas employé pour le tout-venant des moines, c'est un titre réservé aux plus accomplis et aux plus savants, sages habilités à enseigner la doctrine et à pratiquer les rites, à former les autres et à les mener jusqu'à l'Éveil en fonction de leurs aptitudes propres.

Pour le pratiquant de stricte obédience, la tradition du *Tantrayâna* est de placer toute son existence sous la protection complémentaire, mais non moins capitale, des "Trois Racines" : le lama, source de bénédiction durant le cheminement ; une divinité de méditation ou tutélaire (*yidam*), comme gage d'accomplissement ; les protecteurs de la Loi et les puissances féminines (*dakîni*), garants de l'activité éveillée. La "prise de refuge" s'accompagne généralement de prosternations, expression physique d'humilité qui est aussi une façon d'honorer l'enseignement.

Moines au cours d'un office.

CHAPITRE 5

LE STÛPA

UNE MATÉRIALISATION DU CHEMINEMENT INTÉRIEUR

LE *STÛPA* EST UN MONUMENT D'ORIGINE INDIENNE ET PRÉBOUDDHIQUE, DESTINÉ D'ABORD À MARQUER LES LIEUX ESSENTIELS de la doctrine, sacralisés par le passage sur terre du Bouddha historique : à Lumbini, son village natal, à Bodh Gayâ où la méditation lui ouvrit les portes de l'Éveil, à Sarnâth où il a donné son premier enseignement. Un *stûpa* se dresse à Kushinagar, pour accueillir ses restes mortels après son départ physique de la terre des hommes (son *parinirvâna*).

À l'exemple de la doctrine bouddhiste, le *stûpa* connut un grand nombre de métamorphoses, en fonction des latitudes : il devint ainsi *dagoba* à Ceylan, *chedi* au Siam ou *chorten* au Tibet. Des exemples aussi admirables que divers se trouvent dans les cités royales cinghalaises, à la somptueuse pagode de Shwe Dagon à Rangoun, sans oublier la merveille de Borobudur à Java, ni les innombrables *chorten* disséminés le long des chemins de pèlerinage des terres tibétaines, ou dans les sanctuaires.

Les proportions parfaites du corps du Bouddha ont servi de modèle à l'érection de ces monuments caractéristiques, dont la structure et les règles de construction sont strictement définies. L'assise repose sur une base carrée figurant la terre, surmontée d'un dôme symbolisant l'eau, prolongé par une volée de paliers traduisant les étapes de l'Éveil et représentant le feu. Une ombrelle stylisée, emblématique du vent, coiffe l'ensemble et s'achève elle-même en un croissant de lune sur lequel repose le disque solaire, expression de la suprématie cosmique de la loi bouddhiste.

Les Tibétains voient dans le *chorten*, qui sert fréquemment de réceptacle d'offrandes ou de tombeau pour les grands maîtres spirituels, la figuration du corps, de la parole et de l'esprit du Bouddha. Des variantes architecturales permettent d'y inclure parfois, couronnant le parasol, un lotus à cinq pétales symbolisant les cinq lignées de Bouddhas que connaît le *Mahâyâna*. D'autres interprétations font apparaître les moments forts de la quête spirituelle, avec quelquefois au cœur du reliquaire la statue d'une divinité.

Où qu'ils soient, en groupe ou en série, les *chorten* signalent toujours la présence du Bouddha et sont indissociables de la lecture du monde donnée par la tradition tibétaine.

À Bodnath (Katmandu), l'un des reliquaires les plus connus du monde bouddhique.

CHAPITRE 6

LE MOULIN À PRIÈRES

LA PRIÈRE ALTRUISTE DANS L'INTÉRÊT DE TOUS LES ÊTRES

DANS UN "PAYS DE PASTEURS ET DE MOINES, ISOLÉ DU MONDE ET SI VOISIN DU CIEL", DONT JACQUES BACOT DISAIT AU DÉBUT DU SIÈCLE que "l'occupation naturelle de ses habitants est la prière", le *kor-ten*, ou familièrement "moulin à prières", est sans doute l'objet du rituel bouddhique le plus connu des profanes, mais aussi le meilleur compagnon du pèlerin. On l'appelle aussi *chos-kor*, ce qui signifie "tourner la doctrine" et renvoie au premier enseignement du Bouddha, après l'éveil, qui a ainsi mis en branle la Roue de la Loi.

Du plus petit au plus grand, le moulin à prières est toujours constitué d'un corps creux cylindrique, généralement de métal, gravé d'emblèmes mystiques ou de prières. Il est traversé dans son milieu par un axe pourvu d'un manche, s'il est portable, ou de deux attaches s'il doit être fixé sur un socle : c'est notamment le cas de tous ceux qu'on place à hauteur de main, le long des murs extérieurs des sanctuaires.

À l'intérieur du *chos-kor* se trouvent emboîtés quelques textes sacrés, ou des formules d'invocations (*mantra*), transcrites sur un papier ou sur un parchemin. On fait tourner le corps du moulin dans le sens de la marche solaire, et chaque tour est l'équivalent d'une lecture des prières qui s'y trouvent incluses. Mis en mouvement, le moulin fait entendre un léger crissement modulé au rythme déambulatoire, ce qui, d'après les fidèles, témoigne de l'envol des prières ainsi dispersées aux quatre vents. Le moulin à prières portable est muni d'une boule au bout d'une chaînette fixée à mi-hauteur du corps métallique, et c'est le coup de poignet de celui qui le porte qui lui imprime son rythme tournoyant.

De multiples matériaux peuvent être façonnés pour le corps de cet instrument singulier : du métal fruste bien sûr, mais aussi des alliages plus précieux, parfois même rehaussés de nacre, de coraux ou de turquoises. Certains moulins à prières sont de véritables œuvres d'art.

À l'entrée des monastères, le *chos-kor* peut être de dimensions imposantes, protégé des intempéries par un toit, ou même installé dans une sorte de guérite avec une porte. Un espace libre est alors ménagé tout autour, permettant au dévot d'accompagner le moulin qui tourne et dont l'extérieur est orné de *mantras* sacrés. Il est alors entraîné par une ou plusieurs poignées rustiques, qui servent à pousser... à la roue. Dans les contrées plus verdoyantes des vallées himalayennes, nichées dans les failles du rempart

Le moulin à prières rythme inlassablement le chemin du pèlerin.

montagneux, cascades et ruisseaux sont mis à contribution pour actionner, grâce à un système rudimentaire mais efficace, les roues à aubes de moulins à prières qui sans relâche égrènent ainsi de pieux murmures, répercutés de loin en loin.

Les Tibétains ont aussi pour coutume de dresser sur les toits de leurs maisons des drapeaux de prières, le plus souvent montés en guirlandes, et les pasteurs nomades en posent sur les tentes. Les drapeaux de prières ornent les ponts qui enjambent de tumultueux cours d'eau, ou s'amoncellent au passage des cols. Ces formules bénéfiques sont imprimées sur de petites pièces de tissu aux cinq couleurs fondamentales (jaune, blanc, rouge, vert et bleu), qui correspondent aux cinq éléments (terre, eau, feu, air et éther), aux cinq sens ou encore aux cinq sagesses. Les drapeaux de prières sont un moyen de répandre la bonne parole sur tous les êtres, dans les étendues peuplées comme dans les immensités désertiques. Mais leur fonction est aussi d'attirer la chance, de conserver la santé en conjurant les maladies, le mauvais œil, les démons ou le sort maléfique, et de manifester enfin sa gratitude pour un vœu exaucé ou un bienfait inattendu.

Les drapeaux de prières deviennent bannières de victoire aux alentours des monastères, et signalent sur de hauts mâts les endroits dignes d'attention. Elles marquent l'emplacement des grottes sacrées, le point culminant d'un col où le voyageur doit remercier les dieux de leur protection. Ces petits chiffons colorés ornent lors des semailles le front des animaux de labour, pour assurer de bonnes récoltes ; les yacks qui accompagnent des pèlerins en arborent également : ainsi, ils ne seront pas sacrifiés et mourront de leur belle mort.

Le modèle le plus courant de drapeau de prières comporte en son milieu le *lungta*, ou cheval de vent, porteur du Précieux Joyau qui exauce tous les désirs. On peut y inscrire le nom de la personne à qui sont destinés les vœux emportés par les vents. L'espace restant est empli de formules sacrées ou magiques, et d'ordinaire les quatre coins abritent un tigre, un lion, un dragon et l'oiseau mythique *garûda*, tous animaux hautement symboliques de puissance et d'énergie. Monter un mât de victoire ou déposer des guirlandes de bannières de prières peut se faire à l'occasion de cérémonies : la présence des moines confère alors à l'acte un caractère sacré, qui le rendra d'autant plus bénéfique en s'inscrivant dans un rituel.

Bannières de prières.

CHAPITRE 7

LE MANTRA SACRÉ

"OM MANI PEME HUM"

CETTE LITANIE MILLÉNAIRE EST À LA FOIS LE SYMBOLE DE LA VIE BOUDDHISTE AU TIBET ET L'EXPRESSION D'UNE MANIÈRE D'ÊTRE. Elle a fait l'objet de centaines d'exégèses, de milliers d'interprétations. Les Tibétains la prononcent OM MANI PEME HUM, et sa traduction la plus simple serait OM JOYAU DU LOTUS HOM. Pour le commun des fidèles, sa récitation incantatoire suffit à assurer son bien-être spirituel pourvu qu'il y mette la sincérité requise. Pour l'adepte avancé, la complexité des significations gigognes de chacun des sons, pris individuellement ou ensemble, dévoile les mille et huit facettes de la réalité – ou de l'illusion.

L'origine de ce *mantra* est liée à Chenrésig-Avalokiteçvara, le Grand Compatissant. Il est le Protecteur par excellence du Haut-Pays et s'incarne dans le dalaï-lama, qui en demeure envers et contre tout le chef spirituel et temporel.

Pour le pratiquant du *Vajrayâna* ou *Tantrayâna*, les premières et la dernière syllabes ont la réputation d'être chargées de puissance, et l'on doit les manier avec une infinie précaution. OM, c'est le corps, la parole et l'esprit du disciple, en même temps que ceux d'un Bouddha : elle symbolise leur métamorphose, soit l'accès à l'Éveil. MANI, le Joyau proprement dit, exauce tous les désirs et figure le but suprême auquel on aspire. PEME, le lotus, incarne la sagesse, en particulier celle de la parfaite vacuité. Enfin, HUM exprime l'indivisibilité, l'unité indissociable de la méthode et de la sagesse.

En somme, le Grand Mantra tibétain exprime que la pratique d'une voie, par l'union inséparable de la sagesse et de moyens appropriés, peut mener à transformer un corps, une parole et un esprit communs en ceux, parfaitement purs, d'un Bouddha : tout un programme de vie fondé sur la discipline et la réflexion poussée dans ses retranchements ultimes, jusqu'à accéder enfin à la pleine lumière.

Partout sur le haut plateau, la présence du Grand Mantra s'affirme sur les bannières de prière, les pierres gravées au bord des chemins, les inscriptions victorieusement étalées au flanc des montagnes. Le Tibet tout entier se reconnaît dans ces quelques mots qui l'accompagnent d'un temps à l'autre, d'une vie à la prochaine. C'est son miroir magique, sa protection préférée, habitée de l'intérieur et suprême parmi les paroles de pouvoir, puisque ce *mantra* est indissolublement associé au dalaï-lama.

OM MANI PEME HUM, *ici gravé sur une pierre au bord d'un chemin aux cinq couleurs symboliques.*

CHAPITRE 8

LE ROSAIRE

LE MÂLÂ

C'EST LE ROSAIRE MANIÈRE BOUDDHIQUE, L'UN DES ATTRIBUTS ESSENTIELS DU PÈLERIN ET DE PLUSIEURS DIVINITÉS. COMPOSÉ DE cent huit grains, il sert à dire des prières, mais surtout à compter le nombre de répétitions de telle ou de telle formule, récitée à l'intention d'une divinité choisie. Selon les écoles et les déités, et qu'ils soient moines ou laïcs, la plupart des fidèles s'en tiennent en général à la divinité dont ils se sentent proches, au *mantra* qu'ils ont reçu lors d'une initiation particulière, ou encore à l'invocation indiquée par un lama dans un but bien précis : protection, guérison ou reconnaissance.

Le *mani* jouit en l'occurrence de la plus grande faveur. Une pratique largement répandue, qui peut être individuelle ou collective, consiste à répéter un million de fois ce *mantra*, à des fins de purification, ou en vue d'accroître ses mérites. L'exercice permet encore de calmer et de clarifier la pensée, phase de préparation indispensable à la méditation. Quand le *mâlâ* est utilisé pour scander la récitation, c'est la main droite qui égrène les perles. Au repos, il est porté le plus souvent à la façon d'un bracelet, enroulé autour du poignet gauche.

Comme les pieux Tibétains ne sont nullement effrayés par les chiffres les plus astronomiques, ni rebutés par la psalmodie incantatoire de la même formule, craignant de s'égarer dans leurs comptes, ils intercalent entre les grains du *mâlâ* quatre repères, qu'on appelle *chaturmahârajâ*. Ce sont des perles plus grosses, ou encore de doubles pendentifs symboliques (foudre et clochette), qu'une torsade de fils rouges rattache au corps du *mâlâ*. Les *mâlâs* tibétains se terminent d'ordinaire par trois grains plus gros, figurant naturellement les Trois Joyaux.

Toute matière est susceptible de devenir *mâlâ* : bois (le plus commun), graines, verre, pierres semi-précieuses ou non, ivoire, jade, corail, turquoise, nacre. La couleur n'est pas dénuée d'importance : s'ils en ont les moyens, d'aucuns préféreront, pour s'adresser à une divinité précise, choisir la couleur qui lui est directement associée.

Pour certains rites secrets, des maîtres tantriques utilisaient jadis des chapelets à grains d'os, sculptés ou non, voire – dit-on – découpés dans cent huit calottes crâniennes. On y voyait proclamée l'affirmation que l'initié avait maîtrisé la peur, sinon l'énigme de la mort. Le *mâlâ* est aussi le signe distinctif d'enseignants célèbres et de diverses manifestations divines.

À cent huit grains, le mâlâ *est ici composé de perles d'os sculpté, très utilisé dans les rites tantriques.*

CHAPITRE 9

L'AUTEL

RIEN N'EST TROP BEAU POUR L'ÉVEILLÉ

QU'IL S'AGISSE D'UN AUTEL DOMESTIQUE OU DE CELUI D'UN SANCTUAIRE, ON Y DISTINGUE ORDINAIREMENT LES QUATRE IMAGES indispensables au fidèle dans sa pratique de chaque jour : une représentation du Bouddha, en sculpture ou en peinture, qu'accompagnent Avalokitechvara, le Grand Compatissant, Târâ, incarnation des activités du Bouddha, et enfin Achala, la divinité qui écarte les obstacles. À ces emblèmes de base peuvent s'ajouter d'autres déités qui sont l'objet d'une dévotion personnelle, le *bodhisattva* de la bienveillance aimante, ou encore *Maitreya*. Un texte sacré, ou parfois un *stûpa* miniature, figure la parole du Bouddha.

Devant ces emblèmes sont disposées des offrandes : de la nourriture, des fruits ou des fleurs ; de l'eau claire dans les sept bols rituels ; de la lumière, grâce à des bougies dans les coupelles. Mais si modestes soient-elles, les offrandes doivent être préparées le plus soigneusement possible, et présentées dans les meilleures intentions. Cette instruction est péremptoire, car faute de la respecter, les choses les plus belles et les plus précieuses sont dénuées de valeur.

"Il ne faut pas accorder trop d'attention aux choses extérieures, l'accent doit être davantage porté sur le développement intérieur" rappelle souvent le dalaï-lama. Il ne faut jamais oublier que l'intention qui préside à l'offrande est encore plus importante que le geste lui-même.

Aiguières à nectar ou à eau lustrale, éventails en plumes de paon, conques marines ouvrées, couples de foudre et de clochettes (*vajrâ* et *drîlbu*), dagues magiques (*phurbu*), roues miniatures, *mâlâ*, *cîntamani* (le Joyau qui exauce tous les désirs, et qui représente la connaissance ou l'esprit libre), vases à fleurs, chasse-mouches, *mandala* en trois dimensions, miroirs, glaives, lances ou tridents, haches ou couperets (armes défensives qui protègent le Bouddha et sa Loi, mais aussi signe de victoire sur les forces du mal ou de l'ignorance) se retrouvent sur l'autel devant les divinités.

Des ex-voto sont déposés sous les brocards et les *thangkas*. Entre tant de richesses étalées et le dénuement des ascètes d'autrefois, il y a cette parole du dalaï-lama : "Des gens comme nous dépendent beaucoup plus de choses extérieures, comme les statues, l'encens, les lampes à beurre, etc. Mais si ces choses-là n'ont aucun effet sur l'esprit, elles ne servent pas à grand-chose..."

Les autels du bouddhisme version tibétaine se caractérisent souvent par la surcharge de leurs décorations.

CHAPITRE 10

LES INSTRUMENTS DE MUSIQUE

AU SERVICE DES DIEUX POUR LE BIEN DES ÊTRES

LA MUSIQUE ET LE CHANT JOUENT UN GRAND RÔLE DANS LA VIE QUOTIDIENNE DES TIBÉTAINS, POUR ACCOMPAGNER PAR exemple les travaux des champs, mais aussi la danse et le divertissement. La belle saison permettait autrefois des pique-niques au bord de l'eau, et Lhassa connaissait naguère une saison de théâtre et d'opéra.

Comme tout l'art traditionnel du Haut-Pays, la musique est essentiellement religieuse. La danse elle-même est marquée fortement par l'influence du *cham*, la danse sacrée d'origine monastique. La musique liturgique tibétaine est riche de sonorités fascinantes, où se perçoivent des échos inattendus, et dont certains disent avoir ressenti de prime abord une sainte frayeur. Dans le sens le plus rigoureux du terme, ces sonorités sont façonnées pour induire une réceptivité à des vibrations singulières, porte ouverte sur une réalité au-delà de la réalité.

Les maîtres tibétains des sons ont la réputation d'avoir atteint, par le travail de la voix humaine, à une rare et profonde maîtrise qui exige des années d'entraînement, et dont l'exercice est assimilé à un véritable yoga. Selon des pratiquants rompus à cet art, on y retrouve, amplifiée et magnifiée, la mélodie intérieure du corps humain, telle qu'on peut l'écouter en se bouchant les oreilles pour faire obstacle aux bruits extérieurs. C'est une musique de passage, d'une force peu commune et d'une stupéfiante pureté, exprimant à la fois la souffrance et la compassion, une recherche inlassable et une apaisante sérénité.

Divers instruments, à vent et à percussion, apportent aussi leur concours au rituel. Le plus impressionnant est peut-être le *radong*, une trompe télescopique dont le maniement requiert plusieurs servants : celui qui souffle, et ceux qui la portent ou la transportent. Composée de trois parties inégales emboîtées l'une dans l'autre, elle peut atteindre quatre mètres et demi. Son matériau de base est un métal repoussé, gainé par endroits de bois, souvent décoré très habilement. Cette trompe, au son grave à l'extrême, est utilisée pour annoncer le début des cérémonies ou l'ouverture des réjouissances. Elle est employée par paires, afin d'assurer la continuité du son ; pour en jouer, l'on dépose le pavillon à même le sol ou sur un support, voire sur quelques solides épaules de moines. Afin que l'appel résonne dans toute son amplitude, les musiciens se placent généralement sur le toit des monastères.

Le damarû, *tambourin rituel à boules fouettantes.*

Proche du hautbois, le *gyaling* est présent dans presque toutes les cérémonies, à l'exception des rituels d'exorcisme. Il assure la partie haute de la mélodie et présente volontiers de riches ornements. La conque marine est aussi en grande faveur, son bec étant le plus souvent plaqué d'argent et son pavillon décoré d'un pendentif de tissu. Elle rappelle aux fidèles leurs devoirs quotidiens, mais on l'utilise également pour les appels d'urgence, pour prévenir par exemple, dans l'est du pays, de l'imminence d'une tempête de grêle ou de neige. Lors de certains rites, l'initiation du *Kâlachakra* par exemple, la conque marine sert à distribuer l'eau lustrale aux participants.

Une trompette rituelle particulière, le *kangling*, retient d'ordinaire l'attention : elle est faite d'un fémur humain, ou à défaut d'un os animal analogue, poli et parfois artistement travaillé. Elle aurait fait son apparition au Tibet pour l'accomplissement de rites ésotériques, dans le sillage des grands maîtres tantriques comme Padmasambhava (VIIIe siècle). D'ailleurs, elle se trouve souvent parmi les attributs distinctifs des divinités farouches.

Des cymbales de tailles diverses sont employées durant les services, les plus larges lors des cultes des déités terribles, les plus petites pour les divinités bienveillantes, la présentation des offrandes ou certaines cérémonies tantriques. Leur sonorité commande précisément les proportions de l'alliage métallique dont elles sont façonnées.

Le grand tambour, dit de prières, est porté sur un axe et frappé en mesure, au rythme de la procession ou de la cérémonie, à l'aide d'une longue tige recourbée à l'extrémité, garnie d'une boule de cuir ou de tissu. Les moines l'utilisent lorsqu'il faut réunir la communauté, ou lors de services tantriques. Venu d'Inde, l'omniprésent *damarû* est un tambourin composé de deux demi-sphères de bois adossées, recouvertes de tissu ou de peau, et pourvues chacune d'une petite boule au bout d'une cordelette : la rotation du poignet qui tient le manche leur imprime un mouvement sonore singulier. Les maîtres tantriques lui préfèrent parfois un objet comportant deux demi-calottes crâniennes, rehaussées de pierres précieuses. Le *damarû* scande les récitations mantriques, ou souligne leurs passages importants. Les sons combinés du *damarû*, de la clochette rituelle (*drîlbu*) et d'une trompette en os sont utilisés pour l'invocation à la pluie par les faiseurs de temps. D'autres instruments sont également pratiqués sur le haut plateau : la corne de yack sert de cor aux sorciers et autres lanceurs de charmes toujours redoutés par la population. Dans leurs pérégrinations, musiciens et bardes ambulants s'accompagnent souvent d'un luth rudimentaire à une ou deux cordes, peut-être venu de Chine. Les connaissances musicales et les embûches de leur apprentissage n'ont jamais fait l'objet d'une transcription rigoureuse, et leur enseignement s'effectue sur le tas. Les seules indications disponibles sont notées sous forme de lignes plus ou moins pleines ou déliées, dont le sommet marque le fortissimo, et le creux le piano.

Double page précédente : *novices s'entraînant à jouer de la trompe télescopique.*
Ci-contre : *la cymbale ponctue les prières durant les cérémonies.*

CHAPITRE 11

L'ÉCHARPE DE FÉLICITÉ

LA *KHATA*

ELLE EST SYMBOLE DE COURTOISIE ET DE BÉNÉDICTION. C'EST UNE ÉCHARPE QUI EST D'ABORD SIGNE D'UNE SIMPLE CIVILITÉ, À LA fois geste d'offrande, d'accueil et d'échange courtois. Elle est de toutes les cérémonies, grandes ou petites, publiques ou familiales : le plus souvent blanche, parfois orange ou jaune d'or quand elle est plus particulièrement liée à la religion, elle prend en Mongolie la couleur bleue du ciel.

Les plus belles écharpes sont en soie de qualité, souple et mousseuse, légèrement moirée, à longues franges. La formule sacrée du *mani* et les huit symboles de bon augure sont tissés dans la trame. C'est une très longue pièce de tissu, de quatre mètres environ sur près d'un mètre de large, qu'on réserve presque en exclusivité aux plus hauts hiérarques religieux et aux personnalités marquantes. Les *khata* des milieux aisés, un peu moins somptueuses et plus répandues, sont toujours en soie, mais de dimensions plus modestes : moins de trois mètres de long pour une largeur de 90 cm. Les plus courantes enfin sont nettement plus petites, et relèvent davantage du symbole. Elles sont rarement en soie de nos jours, parfois encore d'un beau coton léger, mais le plus souvent en tissu synthétique : juste le symbole d'un symbole. Néanmoins, elles continuent de s'entasser avec la même ferveur au pied des effigies divines, attestant la pérennité de la foi.

Comme les Tibétains sont réputés à la fois pour leur pragmatisme et pour une subtilité proche de la perversité, la remise de la *khata* obéit à un code plus riche en significations qu'il n'y paraît. Aux échelons supérieurs de la hiérarchie, par exemple pour un grand lama ou un haut dignitaire civil, l'écharpe est offerte mains jointes à hauteur du front, avec une cérémonieuse inclination du buste. Le geste est alors un témoignage de respect et de bonnes intentions. Si la *khata* est rendue, son propriétaire la gardera, car elle est désormais porteuse de bénédictions, comme un talisman. Si l'interlocuteur offre une autre écharpe en retour, c'est un gage de protection, accompagné de vœux précieux.

Entre personnes d'égal statut, l'échange se fait à hauteur d'épaule. À quelqu'un de plus jeune, elle est mise autour du cou. Enfin, offrir un présent dans une *khata* aura d'autant plus de valeur qu'à l'élégance du geste s'ajoutera la complicité du partage.

Écharpe soyeuse et blanche, la khata *témoigne de la pureté de l'intention et du respect de la personne qui l'offre.*

C H A P I T R E 1 2

LE FOUDRE ET LA CLOCHETTE

DORJE ET *DRÎLBU* LA MÉTHODE ET LA SAGESSE

FOUDRE ET CLOCHETTE, *VAJRÂ* ET *GHANTA*, *DORJE* ET *DRÎLBU* : LES OBJETS LES PLUS USUELS SUR LA VOIE DE DIAMANT (*VAJRAYÂNA*) forment à la fois le symbole le plus ordinaire et le plus complexe du bouddhisme tibétain. Rites et cérémonies ne sont guère concevables sans eux, de la méditation solitaire aux vastes rassemblements qui marquent la vie monastique.

Ce symbole est associé à l'incorruptible pureté du diamant, à la vérité qu'aucune force, aucune arme ne saurait détruire ; il représente dans le même temps, mais sur un autre registre, la victoire de la connaissance sur l'ignorance, de la maîtrise de l'esprit sur les "poisons" qui ternissent l'existence.

Dans la main droite du pratiquant, le foudre est gage de stabilité de la méthode, et dans sa main gauche la clochette est rappel de la sagesse de l'impermanence. L'équilibre entre les deux s'établit par le biais des *mudrâ*, les gestes rituels. Aux mains des maîtres de l'interprétation ésotérique, cette paire inséparable figure l'unité du pouvoir masculin et de l'énergie féminine, ou encore l'emblème de l'unité duelle des vérités absolue et relative.

À l'origine, le *vajrâ* signifie l'éclair, et il est l'attribut du dieu hindou Indra. Après avoir été adopté et adapté par le bouddhisme, en gagnant le Haut-Pays et en devenant *dorje*, il a pris une place prépondérante parmi les symboles tantriques. De métal ou de pierre, doté d'une à neuf pointes, le foudre le plus courant en compte généralement trois, qui représentent alors les Trois Joyaux. À simple double pointe, le *dorje* signifie l'union des mondes spirituel et matériel ; à deux doubles pointes (plutôt rare), la dualité des apparences ; avec quatre doubles pointes, il s'associe aux grands moments de la vie de Çakyamûni ; cinq, c'est une couronne, ou encore quatre pointes autour d'un axe, qui symbolisent les cinq éléments, les cinq sagesses, les cinq Bouddhas primordiaux. Les foudres à neuf doubles pointes sont exceptionnels, même au Tibet, et seraient liés à des interprétations secrètes. Dans tous les cas, c'est un symbole de l'absolu au-delà de tous les contraires, ou encore de l'unité fondamentale acquise au travers de la méditation.

Le double *dorje*, ou *vajrâ* entrecroisé, est parfois interprété comme la Roue de la Bonne Loi. Constitué de deux foudres unis par le centre, il matérialise l'indestructibilité de l'es-

Symboles essentiels, dorje *et* drîlbu *expriment l'indissoluble alliance de la méthode (les moyens) et de la sagesse.*

sence de tous les phénomènes, la compréhension la plus achevée de la vérité adamantine.

Le *dorje* orne très souvent le manche de la clochette dont il est le pendant, signe que leurs fonctions sont indissociables dans la pratique quotidienne. Le prototype de cet emblème par excellence du bouddhisme tibétain est précieusement gardé au monastère de Séra, dans les faubourgs de Lhassa. Il n'est accessible au public qu'une seule fois par an, à l'occasion d'une importante cérémonie. Il aurait appartenu à Padmasambhava lui-même, puisqu'il fut trouvé à Yerpa, dans sa grotte de méditation, par son disciple Dacharpa.

La clochette, *ghanta* ou *drîlbu*, joue à la fois le rôle de contraire et le complément dans ce symbole de la connaissance transcendante. Son manche peut s'achever en *stûpa*, en *cîntamani* ou en *dorje* à une ou multiple pointe. Elle est le son par excellence, mais aussi la vacuité et l'impermanence : son tintement cristallin, qui s'éteint aussitôt produit, rappelle que tout est éphémère. Elle représente la sagesse immédiate de l'intuition, celle qui saisit et comprend sur-le-champ la vacuité, sans réflexion ni raisonnement. Dotée d'un pouvoir créateur grâce à la vibration répercutée du *mantra* ou de la *dhârani* qu'elle accompagne, la clochette rituelle a aussi pour fonction de provoquer et d'activer l'Éveil du cœur.

Dans un monde régi par l'antinomie, où il n'y a pas de jour sans nuit, de nadir sans zénith, de nord sans sud, de ponant sans couchant, le couple symbolique *dorje-drîlbu* renvoie l'image de contrastes interdépendants, indissolublement unis : c'est l'essence originelle de la Voie de Diamant, graine ou semence de l'unité double des apparences contradictoires, par lesquelles elle se manifeste. En ce sens, le diamant exprime la parfaite limpidité de la vacuité, voilée par l'innombrable diversité de ses masques. Pour les besoins de certains rituels, *vajrâ* et *ghanta* représentent les deux diagrammes fondamentaux, quasiment inséparables dans l'univers bouddhique, que sont les *mandalas* du Garbhadhâtu et du Vajradhâtu, soit le monde des apparences et celui des énergies-forces spirituelles.

Mais la combinaison de ces deux aspects est toujours essentielle pour accéder à l'Éveil.

Moine durant un office avec la clochette.

CHAPITRE 13

COUPE ET DAGUE RITUELLES

TRIOMPHER DES ENNEMIS INTÉRIEURS

C'EST PEUT-ÊTRE L'UN DES PARADOXES LES PLUS FRAPPANTS DU BOUDDHISME À LA MANIÈRE TIBÉTAINE : D'UN CÔTÉ, LES MAÎTRES et les pratiquants doivent à leur force paisible, à la qualité de leur écoute et à leur sérénité une renommée universelle – et de l'autre abondent les représentations de divinités farouches, courroucées ou terribles, qui provoquent de prime abord un mouvement de recul, de rejet si ce n'est de peur. Il convient alors de se souvenir que ces allégories ne sont que d'autres facettes des divinités bienveillantes et protectrices, des projections de l'esprit, dont l'une des fonctions est de combattre les ennemis de la doctrine, mais aussi d'éteindre en les transmutant les "poisons" spirituels qui font obstacle à l'Éveil.

De cet arsenal bien fourni, trois objets sont relativement courants. Le *kâpâla* est une coupe, souvent montée sur un support minutieusement travaillé, faite d'une calotte crânienne ouvrée, dotée d'un couvercle. Elle est utilisée par l'ascète lors de pratiques solitaires secrètes, ou lors de services monastiques en l'honneur des divinités protectrices : on la remplit dans ce cas de bière ou de thé, figurant l'ambroisie ou le sang. Son usage n'est pas permis au tout-venant, car il implique une transmission autorisée ; celui qui s'en sert doit avoir bien compris qu'elle est un rappel du caractère transitoire de l'existence.

Le *phurbu*, ou dague rituelle, était à l'origine un simple clou. C'est aujourd'hui un petit poignard à lame triangulaire, généralement de métal et plus rarement de bois. La lame est surmontée d'un manche court, souvent à l'effigie d'une divinité ou en forme de *dorje*. Largement répandu, cet instrument est réputé avoir des qualités magiques et tient souvent de l'objet d'art. Il est utilisé pour tenir en respect les mauvaises vibrations et les maladies, pour chasser les esprits maléfiques, combattre les ennemis de la Loi, et même contrôler les nuages dans la science des faiseurs de temps.

L'efficacité du *phurbu* est encore accrue quand on l'utilise en trio. Son rôle est essentiel dans les danses masquées sacrées et dans les sanctuaires des divinités tutélaires. Réunis en rond, cent huit *phurbus* forment un cercle protecteur qui éloigne les influences néfastes.

La troisième des armes courantes, le *grigug* (ou *kartîka*), est un couperet semi-circulaire pourvu dans son milieu d'un manche trapu. Sa lame acérée sert à "trancher les liens de l'ignorance".

Ci-contre : *couperet rituel qui sert à trancher les liens de l'ignorance.*
Double page suivante : *coupe, dague et couperet rituel.*

CHAPITRE 14

LES HUIT SIGNES DE BON AUGURE

ATTIRER LA CHANCE ET S'ASSURER DE BONNES PROTECTIONS

OMNIPRÉSENTS DANS LA VIE SPIRITUELLE TIBÉTAINE, CES HUIT EMBLÈMES, OU *TASHI TAKGAY*, TROUVENT LEUR ORIGINE DANS UN moment capital de la vie du Bouddha historique. Il est dit qu'à l'aurore qui suivit la fameuse nuit sous l'arbre de Bodh Gayâ, quand le prince-ascète atteignit enfin son but, la joie et l'allégresse se répandirent dans tous les royaumes de l'Univers. Et pour manifester ce grand bonheur, les êtres célestes accoururent, chargés d'une myriade de présents pour l'Éveillé. La mémoire des siècles et des hommes en a retenu quelques-uns, jugés essentiels et devenus emblématiques de la vénération témoignée au Maître.

Ces symboles se plient à toutes les fantaisies de l'expression. Ils peuvent être façonnés en bijoux, sculptés dans le bois, imprimés sur le papier ou le parchemin, ou même reproduits en simples décorations sur les objets de la vie quotidienne ou les instruments du culte. On les retrouve lors de réunions publiques ou privées, à l'occasion d'importantes cérémonies, ou pour accueillir les dignitaires de haut rang. Ils ont aussi la réputation de porter chance, appliqués sur les tentes ou le seuil des maisons, à l'entrée des monastères et des halls de prière. On les inscrit au flanc des montagnes, ou sur des rochers le long des routes. Les jours de fête, on les dessine en poudre blanche ou rouge sur les chemins qu'empruntent les invités ou les processions. Ils ornent parfois des *mandalas*, et les plus belles *khatas* les affichent, subtilement tissés dans la trame de leur soie.

La précieuse omb relle, *chatra* ou *rinchen dug*, est signe de dignité royale et protège de tous les maux. Les deux poissons d'or, *matsya* ou *sergyina*, insigne du maître indien de l'Univers, expriment ici la libération spirituelle : ils figurent les êtres sauvés de l'océan des souffrances de l'existence terrestre. Le vase ou coupe aux trésors, *kalasha* ou *bumpa*, contient des joyaux spirituels, et peut faire office de récipient d'eau lustrale, considérée comme le nectar d'immortalité. La fleur de lotus, *padma* ou *péma*, symbolise la pureté originelle ; elle est d'ailleurs, sous diverses couleurs et formes, un attribut privilégié des bouddhas et *bodhisattvas*.

La conque blanche, *sankha* ou *dundkar*, d'autant plus prisée si sa spirale s'enroule vers la droite, figure la parole qui proclame la gloire des Éveillés, et porte parfois le nom de trompette de victoire. Le nœud sans fin, *srîvasta* ou *palbe*, est témoignage d'amour ou d'éternité, représentant la vie infinie. La grande bannière, *dhvaja* ou *gyaltsen*, est en fait

Interprétés sur parchemin.

un drapeau roulé, qui atteste la puissance de l'enseignement bouddhiste ou la victoire de la Bonne Loi. La Roue d'or enfin, *chakra* ou *khorlo*, est naturellement celle de l'enseignement (*dharma*), à pratiquer assidûment pour accéder à l'Éveil. Elle représente l'unité de toutes les choses et demeure le symbole par excellence de la doctrine.

Dans la tradition tibétaine, il n'est pas rare d'associer aux huit signes de bon augure les sept joyaux, *saptaratna* ou *rinchen nadun*, qui sont les attributs du *chakravartîn*, ou roi du monde. Ce personnage mythique est impartial et juste, magnanime et lettré, protecteur de la veuve et de l'orphelin comme le sont tous les princes de légende ; ces qualités exceptionnelles s'appliquent en bonne logique au Bouddha.

Cette série indispensable à la gloire du monarque universel comprend naturellement la Roue, *chakra* ou *khorlo* ; le Précieux Joyau, *ratna* ou *norbû*, qui exauce tous les désirs, et qui est aussi l'un des noms que ses fidèles donnent au dalaï-lama ; la reine magnifique, *rani* ou *tsunmo* ; le meilleur ministre civil, *mantrim* ou *lönpo*, administrateur hors pair sans lequel il n'est point de grand roi ; le meilleur éléphant blanc, *hâti* ou *langpo*, dont la force est précieuse à l'heure des combats ; le coursier le plus rapide, *ashva* ou *tamchog*, qui fait merveille aux joutes festives ou à la tête des troupes en bataille ; enfin, le meilleur commandant militaire, *senapati* ou *magpon rinchen*, pour garder l'empire. Parfois, un huitième personnage emblématique s'ajoute à ces sept insignes royaux : le meilleur grand argentier, *khyimdag*, qui tient les cordons de la bourse en toute justice et veille en toute équité au bien-être des sujets du souverain.

Très populaires et largement répandus, les huit signes de bon augure et les sept joyaux peuvent apparaître seuls ou en groupe, voire en ordre dispersé, selon le bon vouloir ou la nécessité du moment. À l'occasion d'événements particuliers, un mariage par exemple, les huit emblèmes de bon augure se combinent en une seule composition, riche de toutes les significations qu'ils véhiculent, et que l'on appelle *takged punzo*.

Quatre des huit signes de bon augure : la roue du Dharma, le nœud sans fin, l'ombrelle royale, la coupe aux joyaux.

CHAPITRE 15

LES OFFRANDES

SACRÉES OU PROFANES, ELLES SONT UN HOMMAGE À LA DIVINITÉ

PARTIE INTÉGRANTE DE LA MÉDITATION ET DE LA LITURGIE, L'OFFRANDE EST TOUJOURS UN GESTE ENVERS LA DIVINITÉ : HUMILITÉ, louange, obéissance, prière ou remerciement. C'est une manière de relation directe témoignant du respect ou de la dévotion du fidèle. Les offrandes de lumière et d'eau sont les plus courantes : une lampe brûle en permanence sur tout autel tibétain. Le Précieux Maître lui-même, Padmasambhava, avait affirmé il y a une douzaine de siècles de cela que l'eau des hautes terres himalayennes était si claire que sa pureté suffisait amplement au bonheur des dieux.

Il n'empêche, les croyants ne s'en satisfont pas forcément et ajoutent à leurs dons des oboles, de l'encens, des fleurs et des fruits, des *khatas*, mais aussi des sortes de gâteaux confectionnés expressément à cette fin. Les *tormas* sont confectionnés sur place, dans la cour du sanctuaire ou sur le parvis, avec de la *tsampa* (farine d'orge, nourriture de base des Tibétains) et du beurre. Ces offrandes rituelles sont déposées sur les autels pour s'imprégner de bonnes vibrations, avant d'être réparties entre les participants en fin de cérémonie.

Les offrandes festives, dites *tsoks*, sont plus élaborées et destinées à la consommation de ceux qui les ont préparées. Ce qui faisait dire une fois au dalaï-lama : "Quand on parlait de *tsok* au Tibet, on pensait à quelque chose de délicieux à savourer, alors que s'il s'agissait de gâteaux rituels, on songeait que c'était bon à jeter. C'est faux.

Lorsque l'on fait des offrandes, il convient de les préparer le mieux possible. Sinon, mieux vaut s'en dispenser." Il était de coutume naguère pour les moines des "Trois Piliers du Tibet", c'est-à-dire les trois monastères de Séra, Drepung et Ganden, de se retrouver à Lhassa durant le deuxième mois de l'année lunaire (mars) pour une grande réunion d'offrandes festives.

Lors de certaines cérémonies, l'offrande peut consister en cent huit lampes, cent huit bols de riz, cent huit gâteaux rituels, cent huit briques de thé, l'essentiel étant de respecter le chiffre sacré. Autrefois, à l'occasion de festivités exceptionnelles, on confectionnait d'étonnantes offrandes sculptées en beurre, richement décorées, qui faisaient la fierté de leurs auteurs et l'admiration des spectateurs. Durant la méditation personnelle, il est également possible de s'offrir soi-même, corps, parole et esprit, à la déité.

Coupes d'eau claire, lampes à beurre, encens et gâteaux rituels.

CHAPITRE 16

L'ÉCRITURE ET LES TEXTES

DES TRÉSORS POUR GARDER LA MÉMOIRE

L'ÉCRITURE EST ARRIVÉE DANS LE HAUT-PAYS PAR VOLONTÉ ROYALE ET DANS LE DESSEIN ARRÊTÉ D'ÊTRE INSTRUIT ET D'INSTRUIRE : le fait est assez peu banal pour mériter d'être relevé. C'était du temps du grand roi Songtsen Gampo de la dynastie de Yarlung, qui unifie pour la première fois diverses principautés en un empire redouté. L'histoire lui accorde non seulement d'avoir transféré sa capitale à Lhassa en quittant sa vallée de Tsétang, mais aussi d'avoir eu une grande famille puisque deux princesses lointaines, l'une népalaise et l'autre chinoise, sont venues se joindre à ses trois épouses tibétaines. Certes, les deux belles étrangères étaient gages d'alliances avec des cours voisines inquiètes de la puissance militaire d'un souverain conquérant. Mais c'est sous cette double influence que le roi a adopté la doctrine du Bouddha, et depuis lors, malgré les aléas des siècles, la Bonne Loi est demeurée la pierre de touche de la civilisation tibétaine.

Vers l'an 640, le roi estima nécessaire de consigner les enseignements que moines errants et pèlerins missionnaires disséminaient depuis un certain temps déjà à travers montagnes et vallées. Mais, et le monarque l'admettait avec ses sujets, les Tibétains ne s'étaient guère jusque-là souciés des choses de l'esprit et manquaient notamment d'un moyen d'expression écrite.

Si bien que Songtsen Gampo décida d'envoyer un groupe de jeunes gens de confiance en Inde, pays de Bouddha, avec mission expresse d'étudier et de ramener de ce séjour ce qu'il fallait pour déférer au vœu royal. Parmi eux, Thonmi Sambhota, que son titre de ministre promettait à un bel avenir.

Le voyage ne fut pas une partie de plaisir, sur le groupe d'émissaires bravement partis pour le Cachemire, alors foyer brillant de la pensée bouddhique, une douzaine succombèrent aux maladies et aux obstacles du chemin.

Thonmi Sambhota s'en tira, étudia assidûment et revint au pays armé de connaissances suffisantes pour élaborer un alphabet inspiré du sanskrit et une grammaire adaptée aux particularismes de la langue tibétaine. Les deux ont toujours cours et permettent de suivre sans heurt l'évolution de la tradition écrite, essentiellement religieuse.

L'alphabet tibétain comprend vingt-sept consonnes et cinq signes voyelles. Si la langue parlée s'est modifiée au gré des ans et des terroirs, la langue classique écrite n'a guère changé : les

Feuillet de livre xylographié.

capitales sont toujours utilisées dans l'imprimerie (par xylographie), tandis que la cursive courante est complétée par des variantes dites ornementales réservées plutôt aux textes rituels.

Avec ces nouveaux outils, ajoutés à la formule d'une encre indélébile ramenée également du Cachemire, le Tibet connut une période d'effervescence intellectuelle d'une vertigineuse ampleur. Des pandits indiens, aidés de leurs élèves locaux, épaulés par des maîtres et des érudits d'envergure invités à partager leur science et activement secondés par des traducteurs hors pair, s'activèrent des années, des siècles durant, à expliquer, interpréter et commenter les textes fondamentaux ramenés à grand-peine d'Inde. Chaque monastère avait sa propre bibliothèque, et nombre de sages ascètes donnèrent naissance à des courants multiples à partir d'une même idée.

Traduits du sanskrit en tibétain au cours d'environ six siècles d'efforts soutenus et exemplaires, deux collections d'ouvrages forment l'assise de cette littérature religieuse : le *Kanjûr*, en cent huit volumes, est composé des enseignements du Bouddha historique tels que recueillis par ses disciples. Le *Tanjûr*, en deux cent vingt-sept volumes, comprend les commentaires de ces textes fondateurs. Ils étaient pieusement conservés sur des feuillets volants, copiés à l'identique par des scribes méticuleux, entre des plaquettes de bois, enveloppés dans un tissu de protection, empilés sur des centaines d'étagères nichés dans les chapelles, et révérés à l'égal des statues ou d'autres objets sacrés. Les copies les plus précieuses se faisaient à la main, à l'encre d'or.

Il aura fallu la folie destructrice de la révolution culturelle au XXe siècle pour disperser, brûler ou anéantir la majeure partie de ce patrimoine de l'humanité, et cette perte est d'autant plus tragique que nombre d'antiques traités bouddhiques avaient déjà disparu ailleurs, en Inde et en Chine notamment, emportés par les tourmentes historiques locales, les traductions tibétaines demeurant souvent les ultimes témoins d'une sagesse menacée par la folie des hommes. Aujourd'hui, c'est dans les caves des musées de Russie, les cachettes d'anciens lieux désacralisés de Mongolie, les souvenirs de familles émigrées ou les enfers des bibliothèques d'Europe et d'Amérique que l'on exhume des trésors rescapés, ramenés par d'intrépides explorateurs et recouverts par la poussière des ans, voire l'oubli.

Heureusement, l'inflexible coutume monastique qui obligeait d'apprendre par cœur des textes anciens a permis de sauver en les recueillant minutieusement auprès de ces détenteurs des connaissances d'un autre temps et d'assurer leur sauvegarde pour les générations à venir.

Depuis qu'une partie des Tibétains a dû prendre le chemin de l'exil, même les chansons populaires et les épopées traditionnelles, appartenant à une tradition orale vivace et pérenne, ont été rassemblées et notées, afin que ces racines menacées portent un jour des fruits renouvelés.

Double page précédente : *ouvrages gardés dans une bibliothèque monastique ; feuillet d'ouvrage classique.*
Ci-contre : *les textes les plus précieux sont écrits à l'encre d'or.*

CHAPITRE 17

LES MUDRÂS

DES SIGNES POUR EXPRIMER DES FORCES INVISIBLES

LE MOT LUI-MÊME SIGNIFIE "SCEAU" OU "SIGNE", RÉVÉLANT L'INTENTION À LA FOIS DE SCELLER ET DE MANIFESTER, AUTREMENT DIT de "traduire" par des moyens différents des mots. En somme, une espèce d'alphabet visuel permettant d'aller à l'essentiel par-delà la parole. Là encore, l'héritage est hindou, mais l'interprétation varie selon les latitudes, et comme souvent dans le vaste panorama bouddhique, la variante tibétaine a ses singularités. Ces gestes sacrés ont fleuri avec davantage d'exubérance dans les écoles du Grand Véhicule, celles du Petit Véhicule se cantonnant d'ordinaire aux sceaux distinctifs caractérisant des "moments" rigoureusement précis et codifiés de la vie de l'Éveillé.

De cette myriade de gestes, quelques-uns sont à retenir en priorité, car ils permettent l'identification immédiate d'une effigie, en la rattachant à une famille ou à une école. Ils sont d'usage courant dans les rites. Le plus répandu dans l'ensemble du monde bouddhiste, c'est l'*anjali-mudrâ*, les mains jointes à hauteur de poitrine. À la fois salutation et vénération, il est caractéristique des orants et de certaines divinités mineures, mais surtout il demeure aujourd'hui encore la manière par excellence de saluer l'interlocuteur en Inde, en Thaïlande, en Birmanie, au Tibet.

Des gestes pour aller au-delà des mots.

C'est bien entendu la façon la plus courante de rendre hommage à l'Éveillé, en élevant les mains jointes au-dessus de la tête que l'on incline en même temps. Son interprétation religieuse renvoie à la notion cardinale dans le *Mahâyâna* de Vraie Nature de toutes les choses, de réalisation de l'Éveil qui intègre l'objet et le sujet.

Le *dhyâna-mudrâ* est largement connu : mains superposées reposant dans le giron du méditant, paumes vers le haut, doigts allongés et pouces se touchant pour former un triangle, c'est le sceau caractéristique de la méditation, de la concentration sur le *dharma*. Il symbolise évidemment l'Éveil, cet instant privilégié où les contraires sont transcendés et où s'ouvre l'accès à la sagesse omnisciente. Quand le personnage représenté dans cette posture porte un bol, les Tibétains l'assimilent au Bouddha de médecine.

Prendre la terre à témoin, c'est-à-dire main gauche sur le genou en position du lotus et main droite pendante tournée vers l'intérieur, c'est le geste de Çakyamûni à l'aurore de l'Éveil : la terre témoigne de son accomplissement spirituel. C'est le *bhumiparsha-mudrâ*, répandu dans toute l'aire géographique bouddhique. Il indique aussi plus

particulièrement une solidité inébranlable, telle que personnifiée par le Bouddha Akshobhya et le Bouddha historique à la foi indéracinable.

Les deux mains devant la poitrine, pouces et index formant deux cercles qui se frôlent, la paume droite tournée vers l'extérieur et la gauche soit vers le haut soit vers l'intérieur, expriment sans erreur possible le *dharmachakra*, c'est-à-dire la mise en marche de la Roue de la Loi. C'est naturellement le geste distinctif de Çakyamûni, mais aussi de Maitreya le Bouddha à venir, ainsi que parfois d'Amitâbha, celui de la lumière infinie, très prisé dans toutes les variantes du *Mahâyâna*.

Le geste dit *vitarka-mundrâ* est celui de l'enseignement, ou de l'explication qui emporte la conviction : main droite dirigée vers le haut, paume vers l'extérieur, et main gauche vers le bas, également paume vers l'extérieur, avec le pouce et l'index de chacune formant un cercle, renvoyant ainsi à la perfection de la Loi du Bouddha. Au Tibet, ce *mudrâ* est également largement caractéristique des effigies de Târâ et des *bodhisattvas*.

La main dressée, généralement la droite, à hauteur d'épaule, paume ouverte vers l'extérieur, l'autre le long du corps, ou les deux mains faisant ce même geste, offrent protection et bienveillance, tout en marquant sans équivoque l'absence de crainte : c'est l'*abhaya-mudrâ*, le premier geste de Çakyamûni immédiatement après l'Éveil. On le retrouve surtout chez les bouddhas debout ou en marche, notamment dans les représentations courantes en Asie du Sud-Est. Mais c'est aussi un geste de puissance protectrice ou d'apaisement, qui renvoie à la nécessité de se libérer de la peur pour avancer sur le chemin de la connaissance. Amoghasiddhi, l'un des cinq Grands Bouddhas, est souvent représenté ainsi.

Le *varada-mudrâ* traduit l'accueil, le don, la générosité, la compassion : main droite tournée vers l'extérieur orientée vers le bas, ce geste est souvent associé à l'*abhaya-mudrâ* de protection et de sérénité. Il signifie la volonté de se consacrer aux êtres humains et d'œuvrer à alléger leurs souffrances, afin qu'ils puissent finalement accéder à l'épanouissement de l'Éveil. C'est aussi le sceau réputé exaucer les vœux.

L'iconographie bouddhiste connaît de multiples variantes de ces *mudrâs*, généralement associées à la récitation des *mantras* et qui induisent, lors des exercices rituels, certains états d'esprit permettant de progresser sur la voie de la recherche intérieure. Les écoles ésotériques en font un large usage, d'ordinaire strictement codifié par rapport à un Bouddha précis ou une énergie particulière mise à contribution dans la poursuite d'un but déterminé. Certains *mudrâs* sont à utiliser avec la plus grande précaution, notamment quand ils sont liés à la propitiation des divinités farouches ou terribles, dont les forces redoutables ne sauraient être invoquées à tort et à travers par des chercheurs d'absolu incapables de les maîtriser.

Prendre la terre à témoin (de l'Éveil) ; geste de protection contre toutes les sortes de peur.

CHAPITRE 18

LA GRANDE PRIÈRE

MÖNLAM CHENMO
L'INVOCATION ANNUELLE POUR LE BIEN-ÊTRE DE TOUS LES ÊTRES

CETTE CÉRÉMONIE EST LIÉE AUX RÉJOUISSANCES DU NOUVEL AN. LA TRADITION EN ATTRIBUE L'INSTITUTION CODIFIÉE À TSONG-Khapa le réformateur, père spirituel de la plus jeune école du bouddhisme tibétain (les *Geloug-pa*, celle dite des bonnets jaunes, ou plus exactement "de ceux qui pratiquent la voie de la vertu"). Avec l'instauration un peu plus tard de la lignée des dalaï-lamas, qui se fonde en majeure partie sur ces enseignements, depuis le XVIe siècle le pouvoir politique a été l'apanage des adeptes de la branche réformée. Les trois grands monastères proches de Lhassa, Ganden, Sera et Drépung, créés sous l'impulsion de Jé Tsong Khapa, sont depuis considérés comme "les Trois Piliers du Tibet".

Comme partout dans le monde, le Nouvel An a toujours été prétexte à festivités, ripailles, jeux et joutes chez les Tibétains qui ne boudent guère leur plaisir et dont la nature bon enfant n'a jamais rechigné à s'amuser. Les fêtes patronales des monastères sont également l'occasion de rencontres colorées, marquées d'abord par la récitation des épopées et l'exécution de danses sacrées durant deux ou trois jours, elles-mêmes suivies par des divertissements profanes non moins prisés.

L'usage veut que, à la veille du Nouvel An, chacun soit tenu de faire le ménage dans les maisons, pour en chasser les mauvais esprits et les influences néfastes dus aux fautes et aux actions négatives de l'année écoulée. Les nomades font de même dans leur tentes et, par familles entières, l'on se rend en pèlerinage dans des monastères ou sanctuaires en vue de s'assurer de solides protections pour les mois à venir. À Lhassa, la capitale, la coutume voulait qu'un bouc émissaire, généralement un vagabond ou quelque pauvre hère, soit chargé de tous les maux et solennellement conduit hors les murs, accompagné à grand renfort de roulements de tambour et de stridences musicales pour éloigner tous les dangers.

C'était aussi l'époque où les clefs de la ville étaient remises en mains ecclésiastiques et, pendant toute la durée des cérémonies et festivités, les moines assuraient la loi et l'ordre dans la "cité du divin". Les *dob-dobs* alors étaient à l'honneur, ces gardiens experts en arts martiaux chargés, le reste du temps, de faire respecter la discipline de la vie quotidienne au monastère. Environ trois semaines du premier mois de l'année lunaire (qui commence avec la nouvelle lune de février selon le calendrier grégorien), étaient consacrées à ces activités communautaires, marquées le quinzième

Personnage principal de danse rituelle.

jour dudit mois par un enseignement public du dalaï-lama. Des rites spéciaux étaient accomplis trois fois par jour au Jokhang, le sanctuaire le plus vénéré du Tibet, où se trouve la statue dite du Jo-Wo (une effigie de Çakyamûni précieusement gardée dans le saint des saints du temple depuis le VIIe siècle, quand elle avait été amenée par l'épouse chinoise du grand roi Songtsen Gampo). Des dizaines de milliers de moines participaient à ces cérémonies, et en ces semaines où alternaient recueillement et réjouissances, Lhassa se gonflait d'une population flottante au moins trois fois supérieure à la normale, pouvant atteindre, à en croire des documents historiques, à une centaine de milliers de personnes.

Cette tradition est scrupuleusement suivie dans l'exil : Tibétains et néobouddhistes d'obédiences tibétaines se pressent pour l'occasion chaque année à Dharamsala, dans l'Himachal Pradesh en Inde, où le chef spirituel réside et où fonctionne un gouvernement en exil qui s'efforce de veiller aux intérêts d'une petite communauté dispersée principalement en Inde et dans quelques autres pays plus ou moins lointains. Pour les uns, c'est la possibilité de se ressourcer en confirmant la cohésion communautaire ; pour les autres, d'approcher une civilisation qui n'en finit pas de les séduire, et pour tous de partager des instants précieux de ce que l'on peut appeler une communion. En fait, durant ces journées à chaque fois exceptionnelles, le religieux et le profane se retrouvent intimement mêlés, conférant une coloration spéciale au quotidien.

La cérémonie du *Mönlam Chenmo* porte la marque de cette ferveur. Instituée vers 1408, la grande prière pour le bien-être de tous les êtres résume fort bien l'idée maîtresse du *Mahâyâna* et l'idéal de ceux qui cheminent sur ce sentier. C'était aussi le rassemblement monastique le plus vaste dans "la cité du divin". Elle l'est d'ailleurs restée, à l'exception d'une période d'une vingtaine d'années quand elle a été purement et simplement interdite par les autorités chinoises d'occupation.

À nouveau célébrée à partir des années quatre-vingt, elle n'a certes plus le lustre d'antan faute de la présence du dalaï-lama et en raison de la surveillance dont elle demeure l'objet, du temps même où elle était conduite par le panchen-lama, autorisé par Pékin à passer quelques jours parmi les siens.

C'est justement lors des préparatifs de ce rituel que le deuxième hiérarque du bouddhisme tibétain est décédé en 1989, dans des circonstances encore considérées par nombre de Tibétains comme douteuses. L'épreuve de force engagée en 1995 entre le dalaï-lama et le gouvernement chinois à propos de cette succession laisse planer des incertitudes quant à l'avenir et de la lignée des panchen-lamas et de la Grande Prière telle que l'avaient connue et pratiquée des générations de Tibétains au Tibet.

Masque de danse rituelle.

CHAPITRE 19

LES MAÎTRES DES SAVOIRS

DE LA MAGIE À LA PHILOSOPHIE, LA VOIE MÉDIANE DES SCIENCES À LA CONNAISSANCE

SI TOUT N'A PAS COMMENCÉ AVEC PADMASAMBHAVA, IL N'EN DEMEURE PAS MOINS LA FIGURE FONDATRICE DU BOUDDHISME DU Tibet. C'est à l'appel de Trisong Detsen, sur les instances du philosophe Santarakshita, que le grand sage s'en vint pacifier sur le haut plateau les forces adverses qui faisaient obstacle à l'affermissement de la Bonne Loi. Né au royaume semi-mythique d'Orgyen, que certains situent au nord-est du Cachemire et d'autres aux confins du Bengale, son existence réelle n'en est pas moins attestée, même si au fil des siècles la légende l'a enjolivée. Toujours est-il que Guru Rimpoché, comme on l'appelle aujourd'hui encore dans tout l'arc himalayen, a été un "Précieux Maître" à maints égards.

Depuis un siècle que le roi Songtsen Gampo avait embrassé la doctrine du Bouddha, celle-ci avait progressé, mais se heurtait au ressentiment des tenants de la croyance prébouddhique du Bön et à la puissance persistante des divinités chamaniques. Aussi, vers 760, Trisong Detsen, petit-fils de Songtsen Gampo, décida d'ériger le premier monastère tibétain à Samyé, non loin de Lhassa, afin que Santarakshita (le grand érudit indien qui avait renoncé à ses fonctions d'abbé de la fameuse université de Nâlandâ pour enseigner au Tibet) puisse ordonner les premiers moines autochtones. Les travaux cependant n'avançaient pas, car ce que les hommes bâtissaient le jour, les génies le défaisaient la nuit. Admettant que connaissance et érudition ne suffisaient pas pour venir à bout des influences néfastes, Santarakshita suggéra au monarque d'en appeler à Padmasambhava, "Né-du-Lotus", dont la réputation de *yogin* accompli et de maître des *tantras* (les instructions ésotériques), s'était étendue loin à la ronde.

Mêlant harmonieusement sagesse suprême et pouvoirs peu ordinaires, acquis grâce à une intelligence intuitive hors pair façonnée par une discipline rigoureuse, Padmasambhava eut tôt fait de mettre au pas les adversaires de la doctrine. Non content de les avoir apaisés, il en fit les gardiens protecteurs de la Loi bouddhique, qu'il s'attacha à enseigner sans relâche jusqu'à la fin de sa vie au Tibet.

Padmasambhava a arpenté le pays jusque dans ses coins les plus reculés. Il est hautement vénéré en particulier par les Nyingmapa, les fidèles de l'école des Anciens. Au fil des siècles, ses adeptes ont découvert d'importants *termas*

Bronze du XVIIIe-XIXe siècle représentant Padmasambhava, l'un des personnages clefs du bouddhisme tibétain.

(textes-trésors cachés) qu'il avait pris soin de dissimuler ici et là en attendant que les temps mûrissent pour qu'ils puissent être compris. Doué de pouvoirs exceptionnels fréquents chez les sages, Padmasambhava est également crédité d'avoir prophétisé un certain nombre d'événements qui se sont réalisés plus tard dans l'histoire.

Padmasambhava est couramment représenté en posture du lotus, tenant un *dorje* dans la main droite et un bol à aumône, ou une coupe rituelle, dans la gauche posée dans son giron. Il est souvent accompagné de son épouse, la princesse Mandarava, et de sa principale disciple féminine Yéshé Tsogyal, *yogini* accomplie, qui rédigea la biographie du maître. La première lui avait été donnée par son père à la suite d'un miracle : outré de voir le *gurû* prodiguer des enseignements à cinq cents nonnes et à sa propre fille, le roi de Zahor ordonna de brûler vif l'impudent. Celui-ci transmua le feu en un lac d'eau pure d'où il émergea trônant sur un lotus. Le roi en fut tellement impressionné qu'il adopta aussitôt le *dharma* et remis au sage sa fille en gage de loyauté. La seconde aurait été l'une des épouses de Trisong Detsen avant de consacrer sa vie à la recherche de l'Éveil, auquel elle accéda en une seule vie sous la direction avisée de Padmasambhava. Certains l'appellent "la Danseuse céleste" et voient en elle une *dakîni*, émanation de l'énergie inspiratrice de la conscience menant à la compréhension parfaite de la réalité suprême.

Un visage de la sagesse.

Parmi les autres figures emblématiques du Haut-Pays, Nâgârjuna tient une place à part. Cet érudit indien, qui a vécu vers le IIe ou IIIe siècle et que son nom rattache aux Nâgas qui l'auraient instruit dans leur royaume aquatique, n'a jamais été au Tibet. Pourtant, le système philosophique qu'il a élaboré, le *Madhyamîka*, ou la voie médiane, est devenue la pierre angulaire qui a conduit Tsong-Khapa à la réforme ayant donné plus tard naissance à l'école des *Geloug-pa*.

Les péripéties de l'histoire tibétaine amenèrent le bouddhisme à connaître des hauts et des bas. Ainsi, après l'époque de persécution de Langdarma, la reconstruction vint de l'Amdo, au nord-est du Tibet, où une poignée de fidèles avaient trouvé refuge et réussi à maintenir la tradition. Ils regagnèrent le monastère de Samyé, s'y installèrent et reprirent le fil interrompu des traductions.

Parmi ces passeurs aussi fidèles qu'acharnés, Rinchen Zangpo déploya de multiples activités décisives. Pour répondre au souhait du roi, désireux de séparer le bon grain du *dharma* de l'ivraie que les turbulences historiques avaient fait pousser autour, il s'en alla chercher l'un parmi les plus savants des pandits indiens, grand-prêtre de l'université monastique de Vikramashila, le maître Dipamkara Srîjnâna, que les Tibétains nomment simplement Atisha, soit "le Grand Saint".

Une jeunesse voyageuse avait permis à l'aspirant à la sagesse de recueillir les enseignements les plus divers alors disponibles, de Râjagriha dans le Bihar jusqu'à Orgyen. Le Bouddha Çakyamûni lui-

même aurait enjoint en rêve Dipamkara de devenir moine, ce qu'il fit, avant d'aller dispenser les instructions de la Loi à Java et Sumatra. De retour en Inde, il poursuivit ses études et ses enseignements dans les grandes universités bouddhistes, avant de gagner, en l'an 1042, à 50 ans passés, le Tibet. D'abord installé à Thöling, Atisha lui-même rédigea nombre de commentaires et de recueils d'instructions, dont le plus connu, *La Lampe sur la voie de l'Éveil*, fait toujours autorité. De Nétang ensuite, puis de Yerpa non loin de Lhassa, Atisha ne cessa point jusqu'à sa mort de répandre la bonne parole. C'est à lui que les Tibétains doivent sans doute leur profond attachement à Târâ-Dolma, divinité tutélaire du maître, et dont l'émouvant sanctuaire à proximité de la capitale a été l'un des très rares à échapper à la fureur destructrice des gardes rouges. Des historiens considèrent Atisha comme le fondateur de l'école *Kadampa* (ou "de l'enseignement oral") posant l'accent sur l'exercice suivi de la méditation, afin de dégager l'esprit des souillures qui l'enténèbrent.

Au XIVe siècle, le bouddhisme tibétain avait eu le temps de bourgeonner sur les sentiers les plus divers, se mâtinant au passage de réminiscences de l'exubérance bengalie ou se teintant de nuances magiques sans pour autant se renier, même si parfois des rivalités personnelles plus temporelles ne donnaient pas cher des principes de tolérance ou d'intégrité prônés par l'Éveillé. Un homme d'envergure entreprit alors de rétablir le respect des règles et de prêcher par l'exemple, en révisant l'ensemble des grands textes, le *Kanjûr* et le *Tanjûr*, qu'il soumit à une analyse serrée. "L'homme de la vallée de l'Oignon" était né en 1357 dans l'Amdo, province rude et rétive, qui a donné au Tibet quelques-unes de ses personnalités les plus lumineuses. Précoce et persévérant, Tsong-Khapa fut initié aux règles monastiques dès l'âge de 3 ans par le quatrième Karmapa, chef de la lignée Karma-Kagyu, et fut instruit par les maîtres les plus habiles.

Dakîni, divinité du Bardo.

Des dix-huit solides ouvrages d'explication et de commentaires rédigés par Tsong-Khapa qui ont servi à former des générations de moines, deux jouissent toujours de la même faveur : le *Lam-rim Chenmo*, ou "Voie graduée vers l'Éveil", et le *Ngagrim Chenmo*, ou "Grande explication du *mantra* secret". Ses disciples étaient tenus au strict respect des règles monastiques, en particulier au célibat dont la pratique s'était considérablement relâchée, et Tsong-Khapa se montrait très précautionneux quant à la transmission des *tantras*, notamment des pratiques ésotériques. Jé Rimpoché, comme le nomment dévotement les Tibétains, devait s'éteindre en 1419, à l'âge de 61 ans dans son monastère de Ganden. Dûment embaumé et placé dans un *chorten*, son corps momifié était l'objet d'une adoration jamais démentie jusqu'à sa destruction, lors de la révolution culturelle. D'aucuns prétendent que les gardes rouges qui l'assaillirent devinrent littéralement fous de terreur en découvrant le sourire serein de leur victime.

CHAPITRE 20

MAÎTRE ET DISCIPLE

UNE CONFIANCE À TOUTE ÉPREUVE

TOUTES ÉCOLES CONFONDUES, LE BOUDDHISME FOURMILLE D'ANECDOTES POUR EN TÉMOIGNER : CHOISIR SON MAÎTRE N'EST PAS UNE mince affaire. Déjà du temps de Çakyamûni, quand l'Éveillé s'apprêtait à quitter ses proches pour le *nirvana* et que ses disciples se lamentaient de perdre leur guide spirituel, le Bouddha les enjoignit d'être à eux-mêmes "leur propre flambeau". Plus encore peut-être que dans les autres pays, au Tibet comme dans les écoles du ch'an et du zen, le *gurû* joue un rôle cardinal : c'est à lui qu'incombe la tâche de mener l'élève sur le sentier qui lui convient, jusqu'au seuil de la connaissance, de la sagesse ou de l'Éveil.

En même temps, le candidat à l'aventure spirituelle ne peut se permettre de prendre n'importe qui pour le diriger sur cette voie étroite. D'ailleurs, nombre de maîtres réputés ont multiplié les mises en garde contre trop de hâte à s'attacher aux basques de quiconque. Rien n'illustre mieux cette quête et cette relation que la célèbre histoire de Marpa et de Milarêpa, le lama aux exigences impitoyables qui fera payer cher à son élève ses incartades de jeunesse avant de lui accorder les clefs qui feront de lui non seulement un ascète de renom, mais aussi un poète dont les chants enchantent aujourd'hui encore lecteurs et auditeurs de tout âge.

Le premier, "l'homme de Mar" comme son nom l'indique, a vécu au XIe siècle dans le sud du Tibet. Fils de famille, il entreprit d'étudier le sanskrit dans le dessein de se rendre en Inde se former à l'école des sages. La vente de ses biens personnels lui permit d'entreprendre le voyage et, seize ans durant, il suivit les instructions de Nâropa, l'un des grands savants de l'époque, contemporain d'Atisha, et qui enseigna également à Nâlandâ. Rentré au Tibet, Marpa mena une vie de famille partagée entre ses obligations profanes et une remarquable activité interprétative des textes ramenés d'Inde. L'histoire en a gardé un souvenir bien précis, puisque les Tibétains le nomment "Marpa-le-Traducteur". C'est à son retour d'un nouveau voyage en Inde que Mila vint le prier de l'accepter comme disciple.

Marpa n'épargna aucune épreuve à l'aspirant, et il fallut toute la compréhension de sa femme, Dagmena, pour ne pas décourager la bonne volonté du repenti. Si sa renommée de traducteur n'est nullement usurpée, "l'homme de Mar" symbolise aussi l'intransigeance du vrai *gurû*, qui exige un don de soi absolu du disciple pour l'instruire. En ce sens, c'est l'image de la

Bronze du début du XIXe siècle représentant Milarêpa, l'ascète-poète, prototype de la relation singulière entre maître et disciple.

confiance suprême que le bouddhisme tibétain donne d'un maître perçu en pleine lumière. Quitte à oublier parfois qu'il est aussi un être humain.

La relation Marpa-Milarêpa est aussi tumultueuse parce que, à son arrivée chez le maître, le chercheur est porteur d'un lourd passé. Orphelin de père dès son enfance, le futur ascète devient expert en magie noire pour venger sa mère des humiliations subies en raison de la cupidité d'un oncle. Prenant ensuite conscience de la vilenie de ses actions, il cherche à se racheter et s'adresse à Rôngtôn, un maître *nyingma* réputé, qui l'envoie à Marpa. Proche de la quarantaine, Mila se met humblement à son service et subit caprices et avanies presque sans broncher, quitte à se retrouver un jour au bord du suicide par désespoir. Bien entendu, il n'accomplit pas le geste fatal, et Marpa accepte enfin, après cette purification drastique du passé, de l'initier aux arcanes de la connaissance suprême. Il lui enseigne les exercices les plus rudes, dont celui du *toumo*, soit la chaleur interne, que Mila pratique des années durant dans la solitude des grottes du haut Himalaya, en particulier au pied de la montagne sacrée du Kaïlash. Il y gagne son surnom de *rêpa*, "celui qui porte la robe de coton des ascètes", et de nombreux disciples qui l'entourent fidèlement une fois qu'il accepte de se rapprocher des hommes. C'est son disciple Réchungpa qui a consigné ses exploits et raconté sa vie, pour le plus grand bénéfice des bardes et conteurs ambulants qui l'ont transmise de génération en génération.

Exemple du parfait yogin ayant accompli le dur parcours des méfaits d'une jeunesse turbulente aux épreuves les plus exigeantes, Mila composa "Les Cent Mille Chants", qui sont l'un des fleurons de la littérature bouddhique. Il est souvent représenté assis sur une peau de gazelle posée sur un lotus, vêtu en ermite, la main droite à l'oreille, à l'écoute du silence. Son maître et lui sont considérés comme les créateurs de l'école *Kagyu-pa*, fondée sur les enseignements du *Mahamûdra*, ou "Grand Sceau" et des "Six doctrines de Nâropa", ramenés d'Inde par Marpa.

Pour révélatrice que soit l'histoire de cette relation hors du commun de par la personnalité de ses principaux protagonistes et la lumière qu'elle jette sur le lien singulier qui se forge de maître à disciple, elle ne saurait faire oublier ces paroles du Bouddha, non moins clairvoyantes dès lors qu'il s'agit de s'en remettre à un *gurû* pour s'engager sur le sentier de la connaissance : "Ne crois rien parce qu'un sage l'a dit, parce que généralement on le croit, parce que c'est écrit, parce que c'est présenté comme étant d'essence divine, ou parce qu'un autre le croit. Ne crois que ce que tu juges toi-même être vrai, après avoir été éprouvé à la flamme de l'expérience."

Double page précédente : *dans le hall de rassemblement d'un monastère tibétain.*
Ci-contre : *à l'écoute de l'enseignement.*

CHAPITRE 21

LE PROTECTEUR DU TIBET

CHENRÉSIG-AVALOKITESHVARA

"CELUI QUI REGARDE AVEC LES YEUX CLAIRS", OU "CELUI QUI ENTEND LES PRIÈRES DU MONDE", OU ENCORE "LE SEIGNEUR QUI BAISSE son regard sur les souffrances du monde", est sans conteste une figure de proue de la tradition tibétaine. L'un des Éveillés les plus marquants du *Mahâyâna*, ce *bodhisattva* est le patron tutélaire du Tibet, d'autant que le roi Songtsen Gampo est considéré comme son incarnation. À l'instar de ses pairs, sa caractéristique essentielle est la compassion, d'où son surnom très répandu de Grand Compatissant, ou Seigneur de la Compassion infinie.

La représentation de Chenrésig connaît quelque cent huit formes, décrites dans des textes divers. Parmi la trentaine des plus courantes, en particulier au Tibet, il est personnifié avec onze têtes et une véritable auréole de bras formant halo autour de lui : c'est Avalokiteshvara (son nom sanskrit) aux mille bras, chaque main étant dotée d'un œil afin de mieux voir les misères du monde et pouvoir ainsi voler sur-le-champ au secours de qui l'appelle. Son image est toujours particulièrement dynamique, même s'il se contente, dans des effigies de plus petit format, de quatre paires de bras qui symbolisent tous les autres dont il se sert pour apaiser les peines du monde.

À en croire la légende, le *bodhisattva* regardait un jour le monde et ce qu'il y vit fut si fort que, passagèrement désemparé devant l'ampleur de la tâche qu'il s'était fixée, sa tête éclata littéralement de douleur. Son père spirituel, dont il est une émanation, le Bouddha primordial Amitâbha "de la lumière infinie" ramassa les morceaux dont il façonna onze nouvelles têtes qu'Avalokiteshvara porte en trois couronnes successives, de trois visages chacune. La première reflète la compassion, la deuxième le courroux devant la détresse du monde, et la troisième la joie engendrée par le bien. L'avant-dernier visage est surmonté d'une dernière tête, celle justement du Bouddha Amitâbha. D'après d'autres interprétations, ces dix visages renverraient aux dix étapes parcourues par le *bodhisattva* jusqu'à accéder à l'état de Bouddha.

Selon le canon classique de représentation de cette figure particulièrement chère aux Tibétains puisque Chenrésig est en quelque sorte à l'origine de la dynastie historique de Yarlung (dont le fondateur Nyathi Sangpo, grand-père de Songtsen Gampo, est censé être une incarnation), six des huit bras rattachés à

Les multiples visages de la divinité tutélaire du Haut-Pays.

ses épaules portent chacun un symbole précis : le rosaire, le lotus, la roue de la loi, le flacon de nectar, tandis que les deux derniers forment l'*anjâli-mudrâ*. Les neuf cent quatre-vingt-douze autres bras portent tous dans la paume ouverte "l'œil de merci", écarquillé sur les souffrances à secourir. Le *mantra* sacré OM MANI PEME HUM, probablement le premier à avoir fait son apparition au Tibet et en tout cas toujours le plus populaire, s'adresse à Chenrésig-Avalokiteshvara.

Très souvent montré debout sur le socle traditionnel de lotus, comme la plupart des divinités tibétaines qu'elles soient bienveillantes ou terribles, Chenrésig porte maintes fois une fleur de lotus dans l'une de ses mains : d'où le surnom de Padmapâni (porteur de lotus) qu'on lui prête parfois. En outre, Avalokiteshvara est directement associé à certaines lignées de sagesse dans l'ensemble du monde bouddhique et il prend au fil des latitudes des traits locaux assez marqués. Ainsi, en Chine et au Japon, le *bodhisattva* de la compassion se féminise et devient objet d'adoration populaire sous les traits respectivement de Kuan-Yin et de Kwannon.

Chenrésig est aussi crédité, par la grâce de ses mille bras, d'un pouvoir singulier de rayonnement en faveur du bien et pour alléger les maux dont souffrent les êtres des six royaumes d'existence. Sous des formes diverses, c'est lui qui dispense réconfort et aide aussi bien aux animaux qu'aux esprits affamés, et naturellement aux humains. Ceux-ci sont en fait privilégiés, dans la mesure où, dotés de conscience, ils sont les seuls à avoir la chance insigne de pouvoir ouvrir les yeux à leur condition et d'être ainsi à même de choisir d'emprunter la voie de l'Éveil qui mène à s'affranchir de l'illusion. De surcroît, et ce n'est pas le moindre de ses traits saillants, aux yeux des Tibétains, le dalaï-lama est une incarnation d'Avalokiteshvara le Tout Compatissant, et comme tel, la vénération qui l'entoure est autant portée vers lui que vers l'illustre divinité dont il est le représentant vivant dans le monde des hommes.

Bronze du XIXe siècle représentant Chenrésig-Avalokiteshvara aux onze têtes et quatre paires de bras.

CHAPITRE 22

LA GRANDE DIVINITÉ

TÂRÂ-DOLMA GARDIENNE, PROTECTRICE ET SALVATRICE

ÉTROITEMENT ASSOCIÉE À CHENRÉSIG, TÂRÂ-DOLMA EST QUASIMENT INSÉPARABLE DU *BODHISATTVA* DE LA COMPASSION. ELLE personnifie l'aspect féminin de sa sollicitude et elle l'assiste activement. Considérée comme la force, la puissance ou l'énergie de la divinité, elle est par essence dynamique. Dès lors, on ne s'étonnera pas qu'elle soit représentée sous vingt et une formes différentes, variant par la couleur, la posture et les attributions, quand bien même elle demeure toujours et avant tout "Celle qui sauve".

Diverses légendes se rattachent à sa naissance, toujours étroitement liée à Chenrésig. Certaines disent que Târâ-Dolma est née d'une larme d'Avalokiteshvara, effaré un instant devant l'ampleur de sa mission ; d'autres racontent qu'un rayon bleu émanant de l'œil de la divinité l'a engendrée, et d'aucunes prétendent que d'une larme de Chenrésig serait sorti un lotus où Târâ aurait aussitôt fait son apparition. C'est au Tibet qu'elle compte le plus grand nombre de fidèles, ayant été largement popularisée par la dévotion que lui vouait en particulier Atisha, dont elle était la divinité tutélaire. Elle l'est d'ailleurs restée pour beaucoup de croyants qui continuent de l'invoquer sous l'un ou l'autre de ses aspects.

En fait, deux Târâ tiennent le haut du pavé : la blanche et la verte, et comme il semble que l'on ne sache pas avec certitude laquelle des deux a la préséance, elles sont généralement considérées à égalité. Toutes deux sont vêtues comme des *bodhisattvas* et richement parées, installées sur des trônes de lotus, et tenant à la main une fleur de lotus – épanouie pour la blanche et bleue à demi ouverte pour la verte. Mieux encore, les Tibétains tiennent Târâ en si haute estime qu'ils ont fait des deux belles princesses étrangères épouses du roi Songtsen Gampo des incarnations de la déesse – de la blanche pour Wencheng la Chinoise, de la verte pour Bhrikuti Devi la Népalaise. Toutes les deux sont des aspects bienveillants de la divinité.

Lorsqu'elles sont dotées d'une couleur précise, les Târâ sont mises en relation plus directe avec les cinq Bouddhas primordiaux en tant que puissance active des divinités tantriques. Ainsi, au Tibet, la Târâ bleue porte le nom d'Ekjatâ et aurait été soumise par le sage Padmasambhava qui en a fait une acolyte de la Târâ verte. Elle porte alors un couperet et une calotte crânienne dans la main et représente un aspect farouche de la déesse. La Târâ jaune, "celle aux sourcils fron-

Parèdre de Chenrésig, elle symbolise l'énergie active de la divinité et apparaît sous vingt et un aspects différents.

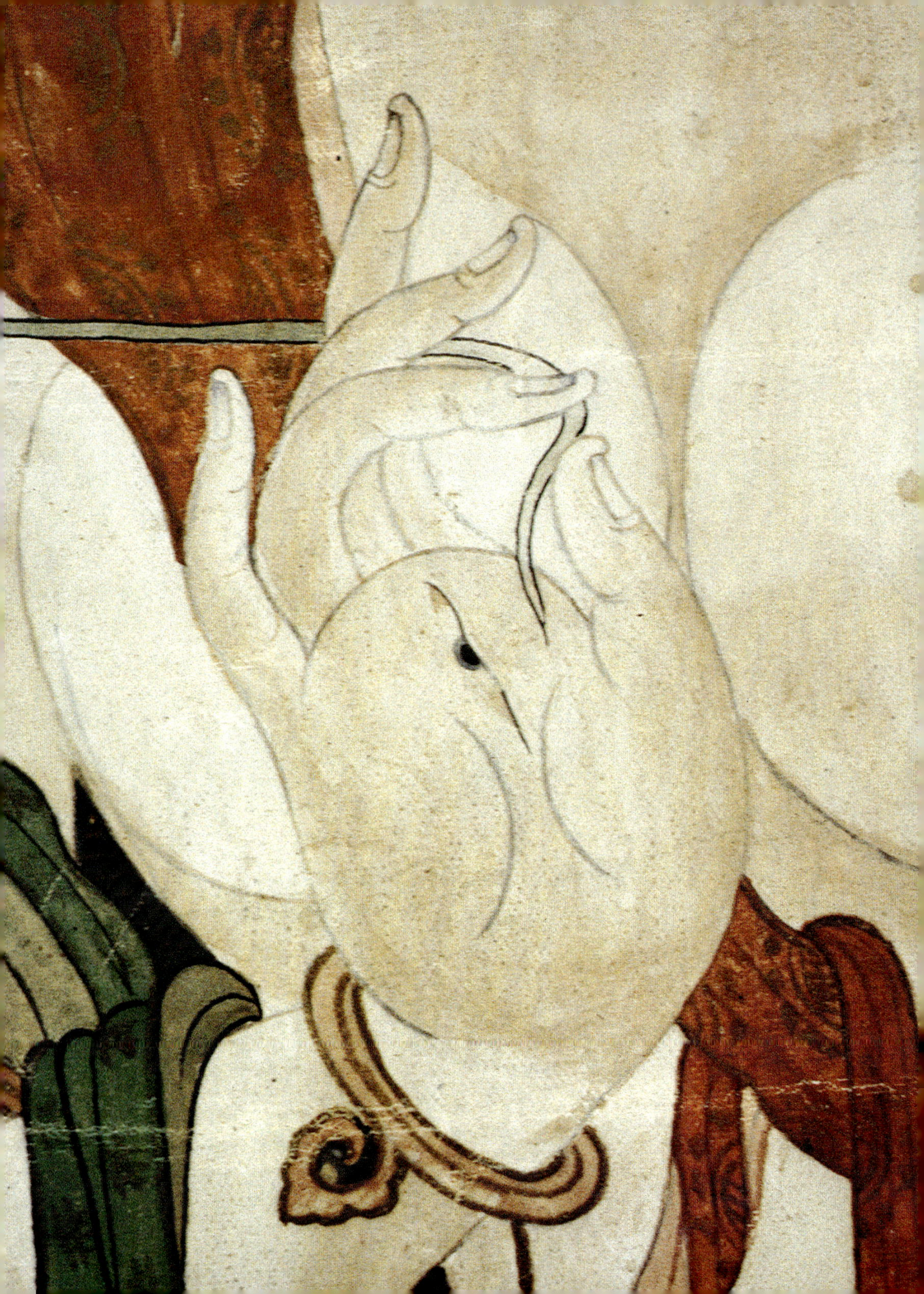

cés", née justement d'un froncement de sourcils d'Avalokiteshvara, est elle aussi une forme courroucée de la Târâ verte dont elle porte quelques-uns des attributs caractéristiques quand elle a plusieurs bras (*vajra*, corde, arc, conque). Expression de la force d'amour de la Târâ primordiale, Kurukullâ la rouge est un aspect apaisé, mais l'arc dont elle est souvent munie et sa couronne de crânes renvoient à la vigueur de ses actions.

La Târâ blanche, que l'on appelle parfois Sitatârâ, se distingue, dans le bronze ou toute autre matière à sculpture non colorée, par ses sept yeux : une paire normale, un œil dans chaque main, un sur la plante de chaque pied, et un au front. En peinture ou en broderie sur le tissu (*thangka*) ou fresque sur les murs, ses multiples yeux sont toujours soigneusement indiqués. Elle est considérée comme la protectrice par excellence du pays, à la fois gardienne de ses traditions bouddhistes et salvatrice pour les fidèles qui n'hésitent jamais à lui lancer un appel au secours même pour les menues peines du quotidien.

Douée des pouvoirs les plus divers, Târâ garde de toutes les peurs. Il suffit que le fidèle l'appelle à la rescousse pour qu'elle arrive, prête à le tirer des pires situations. Elle protège pêle-mêle de la peur des lions, des éléphants, des serpents venimeux ou des brigands. Mais elle ouvre aussi la porte d'un donjon impénétrable et fait disparaître les fers qui entravent le prisonnier, ou elle guérit de la lèpre. Il lui appartient également de préserver de la peur de la mort, d'affranchir de la douleur, de mener les aspirants jusqu'à la perfection de l'accomplissement suprême. Elle est réputée d'une efficacité sans égal contre l'éclair, la furie océane ou le feu.

D'après le *Tantra de Târâ*, dans la nuit des temps, à l'époque du Victorieux surnommé "Lumière des divers mondes", par ses actions méritoires et sa ferveur, la princesse Lune de Sagesse fut encouragée à prier pour renaître homme afin de pleinement s'éveiller. Elle répondit : "Dans cette vie point de distinction entre 'masculin' et 'féminin', pas plus qu'entre 'soi' et 'personne', si bien que s'attacher à l'idée même est sans objet. Les êtres à l'esprit faible se laissent piéger par cette illusion. Et comme nombreux sont ceux qui souhaitent atteindre à l'éveil sous forme masculine, puissé-je pour ma part œuvrer dans un corps féminin au bien-être de tous les êtres jusqu'à épuisement du *samsâra*." C'est à la suite de ce vœu que la princesse devint Târâ-la-Déesse.

Il va de soi que, à l'instar de toutes les autres expressions emblématiques, les interprétations symboliques de Târâ et de ses vingt et un aspects s'approfondissent à mesure que le chercheur avance sur le chemin de la connaissance. Enfin, l'étroitesse des liens entre Chenrésig-Avalokiteshvara et Târâ-Dolma fait naturellement de cette dernière l'une des plus puissantes protectrices de diverses lignées de sagesse, et en particulier des dalaï-lamas.

Double page précédente : *détails de thangka, la Târâ blanche, reconnaissable à ses sept "yeux de merci".*
Ci-contre : *la Târâ verte, aspect principal de la Grande Protectrice.*

CHAPITRE 23

LES GRANDS PROTECTEURS

MAÎTRES DU TEMPS, DE LA MORT ET DES FORCES NÉGATIVES

ILS SONT LES FAROUCHES GARDIENS DE LA LOI ET FIDÈLES DÉFENSEURS DU BOUDDHA. SOUVENT, CE SONT DES DÉITÉS prébouddhiques qui n'avaient pas ménagé leur opposition aux messagers de compassion venus d'au-delà l'Himalaya. Sages et mages ont bataillé ferme pour les apprivoiser, avant de les mettre au service de la doctrine. Ils sont ainsi exemplaires de la métamorphose du disciple transmuant agressivité et violence en forces inversées pour le bien. Par un fâcheux malentendu, les divinités dites terribles ont valu mauvaise réputation aux Tibétains, accusés d'adorer des démons. Simplement, c'est la manière originale trouvée par leurs maîtres spirituels de rendre compte des polarités complémentaires, positive et négative, qui gîtent dans l'esprit de l'être humain.

Ainsi de Mahâkala, "le Grand Noir", seigneur du temps et de la sagesse transcendante, dont l'aspect physique est révélateur : un corps puissant de couleur noire, une attitude belliqueuse, des crocs proéminents, un regard exorbité, il porte l'épée, une coupe crânienne, la conque ou l'étendard de victoire tandis qu'il chevauche le tigre ou le lion des neiges, quand il ne piétine pas le porc, le serpent ou le coq emblématiques des trois poisons. Il n'en est pas moins le symbole de la force qui détruit l'illusion faisant obstacle à l'accession à l'Éveil. Il est l'autre visage de Chenrésig.

Autres divinités farouches tout aussi ambivalentes, Yamantâka, le maître du seigneur de la mort, et Palden Lhamo, seule expression féminine parmi les grandes divinitées protectrices sous des traits courroucés. Elle fait la paire avec Mahâkala et son origine remonte à la déesse hindoue Shrî Devî. Les cheveux hérissés en bataille autour de la tête, emportée sur sa mule rouge, son collier est fait de crânes et une ombrelle de plumes de paon est son attribut distinctif. En peinture ou en broderie, elle est souvent auréolée de flammes exprimant son activité dynamique. Un troisième œil orne d'ordinaire son front, et le rictus qu'elle arbore avec deux crocs saillants n'a rien d'engageant. On la surnomme cependant "la Glorieuse Déesse", elle a souvent une lune sur sa chevelure et un soleil sur le nombril, et elle est considérée comme la gardienne de Lhassa.

Ces trois personnages à qui la tradition prête des pouvoirs singuliers sont les protecteurs de l'ordre des *Geloug-pa*, et leur puissance tutélaire en fait des gardiens privilégiés du dalaï-lama.

Masque de Mahâkala du XIXe siècle, le Noir Seigneur de la Sagesse transcendante.

CHAPITRE 24

LE RITUEL DU FEU

LA GRANDE PURIFICATION

COMME DANS LA PLUPART DES CIVILISATIONS, DES PLUS LOINTAINES AUX PLUS PROCHES, LE FEU TIENT UNE PLACE À PART dans le bouddhisme. Élément emblématique fondamental, étape obligée sur le chemin de la connaissance, partie intégrante de l'offrande puisqu'il est à la fois chaleur et lumière, le feu symbolise surtout la purification et la flamme l'impermanence dans le devenir et le changement. Dans un pays où le bois est assez rare, le bûcher mortuaire était généralement réservé aux grands maîtres accomplis, seuls les plus révérés d'entre eux étant embaumés. Le Bouddha lui-même a été incinéré, et bien que son corps physique n'ait laissé aucune cendre, quelques fragments d'os ont été récupérés par les fidèles pour être enchâssés dans huit grands *stûpas*. Parfois, les grands mystiques laissent derrière eux comme traces de leur passage des sortes de perles multicolores, appelées *ringsel*, témoignant de leurs accomplissements, et considérés comme de précieux talismans.

Aujourd'hui encore, comme au fil des siècles le feu demeure le purificateur par excellence. En cas de maladie, quelquefois pour libérer un lieu ou un être d'une influence néfaste, pour s'assurer qu'un endroit est propice à bâtir, un lama est convié à accomplir le rituel du feu, soigneusement codifié et consciencieusement exécuté. Sinon, la force perverse peut prendre inopinément le dessus et exercer des ravages dont seule une puissance supérieure serait en demeure de venir à bout. C'est aussi pourquoi avant d'entamer la cérémonie, son exécutant doit être lui-même soumis à des exercices préalables de purification complète.

Le genévrier, l'encens ou tout bois parfumé peut faire l'affaire. Selon l'importance du mal à contrecarrer ou à combattre, un ou plusieurs moines seront appelés à exercer leurs talents conjugués, généralement accompagnés de récitation de *mantras* ou de *dhâranis*, de gestes spécifiques (*mudrâs*) et de l'intervention du tambourin rituel (*damarû*) afin de renforcer l'efficacité de l'ensemble de la pratique.

Pour la petite histoire, il vaut peut-être de relever – mais saurait-on vraiment s'en étonner –, les correspondances frappantes entre le rituel tibétain du feu et des cérémonies visant un but analogue dans la tradition amérindienne hopie. C'est une passerelle jetée par-dessus le Pacifique, par-delà le temps et les mémoires des hommes, comme illustration malicieuse d'une fraternité profonde qu'il leur arrive d'oublier.

Ci-contre : *le purificateur par excellence.*
Double page suivante : *encens lors d'un rituel ; cérémonie du feu.*

CHAPITRE 25

MOINES ET LAÏCS

UN TISSU SOCIAL ÉTROITEMENT IMBRIQUÉ

JUSQU'À L'INVASION CHINOISE DE 1950, LE TIBET A SANS DOUTE CONSTITUÉ UN MONDE À PART SUR UNE PLANÈTE OÙ LES soubresauts sociaux engendraient de profondes mutations. Société encore féodale mâtinée de théocratie à l'écart et au-dessus des autres, le Haut-Pays avait gardé des structures d'un autre temps. Pourtant, les rares témoins oculaires qui s'y sont rendus s'accordent tous à porter témoignage d'une société rude sans être dénuée de raffinement, et surtout harmonieuse, avec une population frugale, mais souriante et heureuse de vivre.

En tous cas, moines et laïcs vivaient en symbiose. Les premiers dépendaient des seconds pour la nourriture et le gîte, ces derniers cultivant les terres et s'occupant des récoltes, les premiers devant en quelque sorte assurer le bien-être spirituel de tous. La tradition voulait qu'un enfant par famille devienne moine, et c'était un honneur. Le noviciat commençait d'ordinaire à environ huit ans, les vœux monastiques n'étaient possibles qu'à partir de vingt ans.

L'ensemble de la population laïque respectait généralement cinq préceptes de base communs à tous les bouddhistes (ne pas tuer ; ne pas voler ; éviter l'inconduite verbale et sexuelle, ainsi que l'usage de produits intoxiquants). Les obligations des novices sont déjà plus contraignantes : s'abstenir de détruire toute créature vivante ; de prendre ce qui n'est pas donné ; de conduite érotique ; de liqueurs et de drogues qui mènent à l'insouciance ; de manger à des heures indues ; de danser, chanter, aller au spectacle ; de porter des guirlandes ; de se parer de parfums ; de se coucher haut ou dans le luxe ; d'accepter de l'argent. Les laïcs ont aussi la possibilité de prendre de temps à autre une ordination dite journalière des huit préceptes du *Mahâyâna*, soit les vœux de base des novices, à condition toutefois de les répéter à chaque fois qu'ils entendent les mettre en pratique.

Les moines tibétains, comme tous les *bhikshus* de toutes les écoles bouddhistes sont tenus de pratiquer la discipline monastique codifiée dans le *Vinaya* élaboré du temps du Bouddha. Les règles en sont strictes et contraignantes, même si elles se sont relâchées parfois : il s'est toujours trouvé un maître respecté pour prêcher par l'exemple et en rétablir la rigueur. Si la cérémonie d'ordination, qui marque l'entrée dans le *sangha*, est apparemment simple, elle est synonyme d'engagement profond et donne lieu à des réjouissances.

Bronze du XVIIIe siècle, moine en posture d'enseignement.

CHAPITRE 26

LE MÉDITANT

LA MÉMOIRE DES SIÈCLES

L'ERMITE ET L'ASCÈTE, SOUVENT ERRANT, FONT PARTIE DE LA TRADITION RELIGIEUSE DE L'ASIE DEPUIS LA NUIT DES TEMPS. Le bouddhisme tibétain ne fait pas exception, d'autant que les vastes étendues du haut plateau sont particulièrement propices à la réflexion solitaire si chère aux grands maîtres. Au-delà des enceintes monastiques, cabanes ou grottes étaient naguère aménagées afin de permettre aux aspirants de méditer dans la solitude.

La retraite classique commune à tous les ordres est traditionnellement des trois ans trois mois en solitaire, et peut être pratiquée à plusieurs reprises dans la vie. Mais elle ne peut se faire sans l'assentiment ni la direction éclairée d'un maître, qui en partage en quelque sorte la responsabilité avec le disciple en formation. Elle avait cours dans tous les grands monastères du Tibet, et aujourd'hui elle se perpétue dans les centres d'études bouddhiques tibétaines qui ont essaimé à travers le monde depuis l'exil. D'aucuns estiment que cette tradition formatrice rigoureuse trouve sa source dans la retraite annuelle qu'effectuaient les membres du *sangha* du temps du Bouddha lors des trois mois de la saison des pluies, et qui est toujours coutumière dans les pays bouddhistes du Sud-Est asiatique.

Néanmoins, le méditant à temps plein, s'il est en retrait par rapport au monde, n'est pas totalement retiré du monde – à quelques exceptions près bien entendu. En se façonnant lui-même, il se prépare à mettre les connaissances ainsi acquises au service des autres et de la société lorsqu'il reviendra parmi les hommes. Trempé à l'épreuve d'une discipline rigoureuse, il (ou elle) est censé avoir surmonté la majeure partie des obstacles de la vie courante (notamment les trois poisons que sont l'ignorance, la haine et la cupidité) et être ainsi à même de jouer un rôle bénéfique pour tous.

Au quotidien, celui qui médite régulièrement, sans pour autant renoncer à assumer ses obligations courantes, cherche surtout à mieux harmoniser sa vie intérieure avec l'existence qu'il mène. Mais chez les uns comme chez les autres, à l'échelle qui leur est propre, c'est une participation pleine et consciente à une chaîne multiséculaire de transmission ininterrompue d'une sagesse essentielle qui permet, dans ses expressions les plus achevées, d'être pleinement détaché tout en demeurant relié à tout.

La posture classique en méditation, permettant de rassembler et de canaliser les énergies.

CHAPITRE 27

LES PÈLERINAGES

REPÉRAGES SUR LE TERRITOIRE DU SACRÉ

TOUTES LES RELIGIONS, DES PLUS MODESTES AUX PLUS CONQUÉRANTES, ONT EN COMMUN D'AVOIR DES LIEUX PRÉCIS DE RÉFÉRENCES. Cette aura singulière balise pour les fidèles un territoire qu'ils parcourent physiquement ou intellectuellement autant de fois qu'il leur est possible et, selon les conditions, au moins une fois dans la vie réelle. C'est l'occasion d'une parenthèse, sinon d'une rupture, de durée variable afin de faire le point et de se consacrer à la réflexion.

Peuple nomade dans l'âme, les Tibétains ne font pas exception. Marcheurs nés, ils n'hésitent pas à rompre avec le quotidien pour partir en solitaire, en famille ou même par villages ou clans entiers sur les chemins du vagabondage sacré. Naturellement, les endroits directement liés à la vie de l'Éveillé tiennent une place à part dans leur cœur. Souvent cependant, ces lieux n'étaient pas d'accès facile. En fait, seuls les ascètes errants ou les chercheurs d'absolu les plus exigeants prenaient le temps d'entreprendre un voyage hasardeux dont ils savaient qu'ils pouvaient fort bien ne jamais revenir.

Bodh Gayâ est fréquenté depuis plus de deux millénaires par des adeptes de tous les horizons bouddhistes venus s'incliner au pied de l'arbre de la *bodhi* où le Bouddha historique franchit le seuil de l'Éveil plénier. Aujourd'hui petite bourgade somnolente souvent écrasée de chaleur, elle garde vive la mémoire de l'instant exceptionnel et bruisse des activités sereines des moines de toutes les écoles installés à demeure sur place dans les monastères où l'étude et la prière suffisent à remplir des vies. Parfois, à l'occasion d'un événement marquant ou d'une initiation particulière, la cité sacrée gonfle d'une présence humaine inaccoutumée et devient pour quelques heures ou quelques jours un centre spirituel vibrant d'une énergie multidimensionnelle : une expérience inoubliable pour ceux qui la vivent.

Sarnâth, non loin de l'immémoriale cité sainte de Varanasi, témoigne par le vénérable *stûpa* de l'empereur Ashoka du premier enseignement de l'Éveillé, et ses daims du parc rappellent ses premiers adeptes. Une douceur rémanente imprègne ce lieu où, sur les vestiges d'anciens monastères, d'autres ont repoussé afin de sauvegarder un héritage qui, malgré toutes les vicissitudes, résiste à l'épreuve du temps.

À Lumbini, aujourd'hui en terres basses népalaises, près de Kapilavastu, capitale du royaume

Le mont Kaïlash, ou Kang Rimpoché, axe du monde et trône de Shiva, dans l'ouest du Tibet, au cœur de l'un des pèlerinages les plus prisés du monde bouddhique et hindouiste.

des Çakya dont il ne reste plus rien, on vient d'apporter la preuve irrécusable que le prince Siddharta était bien né là : Ashoka y avait fait ériger un *stûpa* contenant des tablettes aux indications précises, mises au jour en 1995 et dont une année d'études a permis de se convaincre de l'authenticité. À Kushinagar enfin, autrefois un petit village que rien ne distinguait de milliers de ses semblables, le Bouddha s'étendit sur le flanc et avant d'entrer dans le *nirvâna* légua à ses disciples éplorés un ultime avis : "Soyez à vous-même votre propre flambeau".

Voilà pour les lieux historiques. Les autres, et ils sont nombreux, parsèment le vaste territoire où la lumière bouddhiste a passé et s'est parfois momentanément éteinte. En Inde même, Sanchi s'enorgueillit d'un magnifique *stûpa*, tandis que les grottes d'Ajanta et d'Ellora témoignent du sacré par la beauté. Borobudur à Java atteste la foi de bâtisseurs inspirés d'un mandala de pierre sans égal ; les colossales statures de Gal Vihara près de Polonaruwa à Sri Lanka frappent par leur harmonie au-delà des siècles ; l'ancien Siam, la Birmanie, l'Afghanistan, le Japon, la Corée, la Chine, la Mongolie ont tous apporté, chacun à leur manière, leurs joyaux à l'édification de l'art bouddhique, faisant de lieux choisis des sources inépuisables de ressourcement. Et le Tibet n'est pas demeuré en reste.

Ayant métamorphosé des divinités de croyances antérieures en expressions de la Bonne Loi, il n'est guère étonnant de trouver sur l'immensité solitaire lacs et monts sacrés : c'est la façon d'une beauté naturelle à en perdre le souffle. Ainsi, l'Amnye Machen à l'est répond à la grandeur encore plus royale du Kaïlash, mythique mont Mérou et axe du monde de la tradition indienne, devenu Kang Rimpoché (Précieux Vénérable) pour ses fidèles. C'est l'un des grands pèlerinages du Tibet, l'un des plus difficiles sans doute avec le passage du col de Dolma à 6670 m d'altitude, mais aussi l'un des plus impressionnants et des plus méritoires. Le panorama himalayen s'y révèle dans une sereine splendeur qui induit le pèlerin à prendre physiquement conscience de ses liens naturels avec un monde marqué au sceau d'une indéracinable spiritualité.

Au demeurant, même façonné par le labeur des hommes, un endroit peut devenir sacré. Ainsi en va-t-il de Lhassa, la capitale du Tibet, qui veut dire "lieu du divin". Et le Potala, le formidable palais rouge et blanc qui domine la cité de sa colline et était jusqu'à naguère la demeure d'hiver des dalaï-lamas et le siège du gouvernement, est le nom du séjour céleste d'Avalokiteshvara, divinité tutélaire du Haut-Pays, dont l'incarnation toujours présente sur terre est le dalaï-lama : symboles-gigognes qui s'emboîtent l'un dans l'autre, facettes multiples et démultipliées d'une légende vivante qui n'en finit pas de durer, et points d'ancrage d'une géographie particulière du sacré.

Moines au cours d'un pèlerinage.

CHAPITRE 28

LE PASSAGE DE LA MORT

IL N'EST NI COMMENCEMENT NI FIN. IL N'EST DE SUBSTANCE INVARIABLE QUI NE NAISSE NI NE MEURE

INTÉGRER LA MORT À LA VIE FAIT PARTIE DU QUOTIDIEN TIBÉTAIN, DU MOINS POUR NOMBRE D'ENTRE EUX. L'UNE N'EXISTE PAS sans l'autre, et la notion cardinale d'impermanence ou de devenir, autorise à y percevoir la pierre de touche d'une manière d'être. "Tôt ou tard, dit le dalaï-lama, la mort viendra. Y penser et s'y préparer peut se révéler utile quand elle arrive. Si vous croyez juste en cette vie, et n'acceptez pas qu'elle se poursuive, il n'est guère important d'être ou non conscient de la mort. S'il existe une autre vie, il peut être utile d'être prêt à la mort, car ainsi on est moins effrayé par son processus et l'on ne complique pas la situation par ses propres pensées." Pour le sage tibétain, méditer la mort revient à reconnaître un territoire aux repères incertains.

Dans la tradition tibétaine, le maître de la mort est une divinité farouche, à l'aspect terrible. Il est "Celui qui délie des entraves" porte le nom de Yamantaka, et n'est autre que l'autre visage de Manjushri, *bodhisattva* de la sagesse, dont les attributs sont le livre et le glaive qui tranchent les liens de l'ignorance. Il est représenté avec une ou plusieurs têtes de taureau, avec ou sans parèdre féminine, avec une ou plusieurs paires de bras. Cette ambivalence exprime la conception bouddhiste de métamorphose perpétuelle qui régit l'existence elle-même. Le sentiment profondément conscient que la mort s'inscrit dans l'ordre naturel des choses n'exclut pas qu'elle soit marquée par des rites. Au contraire, l'agonisant est accompagné afin de franchir sereinement les étapes de ce bout de chemin, et une fois que le principe de vie a quitté le corps, prières et cérémonies se poursuivent pour le mener à bon port sur les sentiers tortueux de l'entremonde du *bardo*. Le lama officiant ou un astrologue est consulté afin de déterminer l'ordonnance des rites et le moment le plus favorable à leur accomplissement.

Bronze du XVIIIe *siècle, l'une des six divinités qui accompagnent le défunt dans l'entremonde* (Bardo).

Le monde au-delà de la vie est peuplé pour les Tibétains de créatures singulières, qui ne sont en fait que les projections de l'esprit humain, et dont la symbolique reflète simplement ses peurs et ses angoisses. Ainsi, les *citipati*, ou maîtres des bûchers, sont des acolytes de Yama, et leur représentation, généralement en paire ou couple, en squelettes dansants est relativement courante en compagnie des divinités farouches. Aux yeux des fidèles, ils illustrent la nature éphémère de l'existence et sont emblématiques de la cessation des attachements ou des souffrances terrestres.

Les énergies féminines sont personnifiées par les *dakîni (khandroma)* et jouent toujours un rôle actif auprès des déités masculines, qu'elles soient bienveillantes ou terribles. Elles guident le chercheur dans sa quête, ainsi que l'être médian dans sa traversée de l'entremonde. Souvent représentées par de belles figures féminines bien proportionnées, mais à l'expression du visage parfois légèrement menaçante, seuls leurs attributs – *kâpâla*, collier de crânes ou glaive – indiquent leur nature, inscitant les fidèles à s'en faire des alliées plutôt que des adversaires.

Une fois abandonné par le souffle vital, dont le meilleur point de sortie est le sommet du crâne, le cadavre doit retourner à l'un de ses éléments constitutifs : feu, eau, terre, air. L'enterrement était généralement pratiqué pour les victimes de maladies infectieuses, lèpre ou variole. L'inhumation est réservée aux grands de ce monde (le roi au tombeau, le sage au *chorten*), après embaumement et habillage pour ces derniers de vêtements précieux. Certains grands sages parfaitement accomplis auraient le don le moment venu de se "dissoudre" littéralement en ce que l'on appelle "un corps d'arc-en-ciel".

La crémation n'avait lieu qu'exceptionnellement, faute de bois en suffisance. Enfin, la coutume des "funérailles célestes" (*ja-gor*) est la plus répandue et se pratique, en un lieu réservé à proximité souvent d'un monastère par des membres de la corporation des *ragya-pa*. Ils sont chargés de découper rituellement les cadavres, en présence de lamas officiants et d'une poignée de proches du défunt, dont les morceaux sont ensuite jetés en pâture aux oiseaux de proie. Pour les Tibétains, il s'agit d'un ultime témoignage de non-attachement à un corps passager et de solidarité envers d'autres créatures qui se nourrissent de ses restes.

Comme il y avait au Moyen-Âge en Europe des "Arts de mourir", il existe chez les Tibétains un guide pour éviter les écueils sur l'étroit sentier menant d'une vie à l'autre, puisque la réincarnation ne fait pas de doute pour les bouddhistes. Il s'agit du fameux *Bardo Thôdol*, ou "livre tibétain des morts", dont la première traduction occidentale au début du siècle avait fait sensation. L'ouvrage est lu par l'officiant à l'oreille de l'agonisant lui expliquant les étapes de son cheminement et l'engageant à ne pas succomber à la peur en traversant des lieux inconnus, à se défaire de ses attaches sans revenir effrayer les vivants et à saisir l'occasion qui se présente d'appréhender la lumineuse clarté quand il la rencontre. C'est justement pour réussir ce passage délicat entre tous que les pratiquants s'efforcent, dans la méditation, de dresser la carte de ce territoire semé d'embûches, afin de vivre consciemment leur mort, gage essentiel d'une bonne renaissance. Sauf à reconnaître la signification profonde et réelle de la Grande Lumière, auquel cas se brise définitivement la ronde des réincarnations : l'être ainsi libéré des chaînes de l'ignorance accède à l'Éveil.

Les "citipati", acolytes du Seigneur de la Mort.

CHAPITRE 29

LE DALAÏ-LAMA

INCARNATION DE LA DIVINITÉ SUR TERRE, OU L'ACCOMPLISSEMENT DE L'ÊTRE

OCÉAN DE SAGESSE, INCOMPARABLE MAÎTRE, YÉSHÉ NORBÛ OU JOYAU-QUI-EXAUCE-TOUS-LES-DÉSIRS, PRÉCIEUX VICTORIEUX ou Gyalwa Rimpoché, Seigneur du Lotus Blanc, ou tout simplement Kundûn, la Présence : autant de titres parmi beaucoup d'autres évoquant à la fois la puissance, la connaissance, la bienveillance et la compassion, dont les Tibétains se servent pour désigner le plus illustre d'entre eux, le plus révéré aussi, le dalaï-lama.

Être d'exception longtemps entouré de légendes et de mystères, le quatorzième de la lignée, actuellement titulaire reconnu mais exilé du Trône du Lion, Tenzin Gyatso aura eu la lourde tâche d'être, pour son peuple, le guide spirituel à une époque d'épaisses ténèbres et le chef temporel à un tournant de l'histoire marqué tant par la dure épreuve de l'occupation étrangère que par la nécessité de l'ouverture du pays à l'extérieur et à la modernité. Et s'il est aujourd'hui un symbole particulièrement connu du bouddhisme tibétain à travers le monde, c'est bien ce moine au regard perçant et au sourire contagieux qui représente, aux yeux de l'opinion internationale, aussi bien sa foi vivante que le Tibet lui-même menacé dans sa survie. Quoi qu'il en soit, les Tibétains de l'exil comme de l'intérieur du pays persistent à reconnaître en lui leur seule autorité spirituelle et temporelle. L'institution historique du dalaï-lama s'enracine dans la notion, fondamentale pour le bouddhisme, de réincarnation : tout être, quel qu'il soit, porte en lui le germe de l'Éveil et finira par y accéder, même si son cheminement doit se prolonger dans le temps. D'où l'impérative nécessité de la ronde des naissances pour y parvenir. Certains cependant sont plus habiles que d'autres, et à force de travail assidu sur eux-mêmes, y arrivent plus rapidement. Au fil de vies successives, ils s'affirment, devenant ainsi capables de choisir sous quelle forme revenir parachever ce devenir. C'est l'apanage d'un petit nombre, que les Tibétains appellent des *tulkus* (littéralement "corps de transformation"), soit des réincarnations de maîtres qui reviennent dans un corps renouvelé afin de mener à terme la tâche qu'ils se sont assignée antérieurement.

Cette tradition s'est affirmée au Tibet au XIIIe siècle avec la découverte du deuxième *karmapa*, chef de l'école *kagyü*, et s'est ensuite confirmée pour d'autres grands maîtres, assurant ainsi la pérennité de la transmission des savoirs de géné-

Tenzin Gyatso, quatorzième de la lignée des maîtres de sagesse, actuel détenteur du Trône du Lion, chef spirituel et temporel (en exil) des Tibétains et du Tibet.

ration en génération, mais aussi une continuité politique souvent mise à l'épreuve. La lignée proprement dite des dalaï-lamas est plus tardive. Elle remonte au XVIe siècle, dans la foulée de l'affirmation de l'ordre des *Geloug-pa* fondée par le réformateur Tsong-Khapa. Mais le titre lui-même, qui signifie "Maître à la sagesse plus grande que l'océan" (ou Océan de sagesse), vient de *talé-lama*, attribué par le prince mongol Altan Khan à son maître spirituel Sonam Gyatso. Ce dernier, alors à la tête de l'école des bonnets jaunes, l'accorda rétrospectivement à ses deux prédécesseurs dont le premier, Gedun Drup (1391-1475), avait été l'un des plus proches disciples de Tsong-Khapa.

C'est avec le Grand Cinquième Lobsang Gyatso (1617-1682) que se combineront inextricablement les pouvoirs spirituel et temporel afin de s'imposer sur la scène nationale tibétaine jusqu'à l'invasion chinoise de 1949/1950. La tradition des *tulkus* perdure dans l'exil, en dépit d'obstacles engendrés par les conditions particulières du moment, comme en a témoigné le différend qui a éclaté en 1955 entre le dalaï-lama et le gouvernement de Pékin à propos de la réincarnation du panchen-lama, deuxième hiérarque religieux du bouddhisme tibétain, dont le sort est étroitement lié à celui du dalaï-lama, donc à l'avenir même du Tibet.

Nul doute qu'aux yeux des Tibétains, le dalaï-lama est un être tout à fait à part. La tradition, son éducation, son charisme, son pouvoir, son érudition et la vénération dont il est entouré en font certes un être d'exception, mais il y a aussi autre chose : cette subtile alchimie d'un échange ininterrompu entre les siens et lui. Pour eux, non seulement il est le Protecteur, incarnation du *bodhisattva* de la compassion infinie, il est également la personnification d'un pays perdu et le gage de sa pérennité, la promesse d'un retour.

Force est d'ailleurs de constater que la vie de Tenzin Gyatso, reconnu quatorzième dalaï-lama à l'âge tendre de deux ans et demi dans une modeste ferme d'un village de l'Amdo (à l'est du Tibet, aujourd'hui incorporé à la province chinoise du Qinghai), n'a rien de banal. "Simple moine bouddhiste" comme il se définit lui-même, il n'en est pas moins un personnage charnière de l'histoire contemporaine dont le rôle sur la scène internationale a été reconnu par la consécration en 1989 du prix Nobel de la paix.

Né le cinquième jour du cinquième mois de l'an du Cochon-de-Bois selon le calendrier lunaire (6 juillet 1935) au village de Takster, le quatorzième dalaï-lama a été reconnu par une mission de hauts dignitaires religieux, puis ramené à Lhassa en octobre 1938 et intronisé en février 1939 sur le Trône du Lion. Le bambin turbulent à l'esprit vif commence alors une formation rigoureuse et quasiment solitaire sous le regard vigilant de ses deux tuteurs, exceptionnels érudits. Mais au-delà du formidable rempart himalayen, les événements se précipitent, la lutte est acharnée pendant la Seconde Guerre mondiale. Des empires meurent, des pays naissent et la Chine est déchirée entre nationalistes et communistes. Mao et ses troupes prennent finalement le dessus et le nouveau pouvoir qui s'installe à Pékin en 1949 annonce aussitôt son intention de "libérer le Tibet". Ce qui se traduit rapidement par l'invasion et l'occupation militaires, une mainmise qui dure encore, marquée en 1959 par une révolte populaire antichinoise noyée dans le sang. De là date également l'exil du dalaï-lama et d'une centaine de milliers de Tibétains essentiellement réfugiés en Inde, mais aussi disséminés sur tous les autres continents.

Pour Tenzin Gyatso, ces années d'épreuves lui ouvrent le monde sans qu'il oublie un seul instant ce qu'il considère comme sa mission essentielle en ces temps difficiles pour son peuple et son pays : sauver le Tibet et sa grande civilisation, veiller à sauvegarder ses richesses spirituelles et son patrimoine singulier. Ayant renoué en quelque sorte avec la séculaire tradition du moine errant, le dalaï-lama n'est sans doute pas un pèlerin tout à fait comme les autres. Certes, il est conscient qu'il y a encore bien des pierres à ôter du chemin, mais l'attention qu'il éveille chez ses interlocuteurs, l'écoute qu'il suscite et les réponses qu'il propose aux questions qui se posent à notre monde l'encouragent à persévérer dans son espoir de rentrer un jour chez lui et dans sa non-violence déterminée.

Interrogé sur son propre avenir, le dalaï-lama répète à l'envi qu'il n'est qu'un homme, comme l'était le Bouddha, et que c'est vers ses semblables, les autres humains, vers leur souffrances, que vont sa compassion et sa compréhension profonde. "Nous sommes en visite, dit-il, des touristes qui font des expériences, nous ne faisons que passer. Sans tolérance ni dialogue, nous nous rendons nous-mêmes la vie invivable, et de plus nous dénaturons notre environnement. Alors que nous aurions juste un petit effort à accomplir pour rendre notre monde plus vivable à tous, libéré enfin de la violence qui le ronge et détruit tout."

Et de poursuivre : "Le Tibet peut parfaitement se concevoir sans dalaï-lama : il a fort bien vécu longtemps avant que l'institution n'existe en tant que telle, et en théorie, c'est tout à fait possible. Les institutions humaines passent, qu'elles continuent ou non est affaire de circonstances. Dans l'absolu, le Tibet, sa nation, sa culture et même le bouddhisme sont tout à fait pensables sans dalaï-lama. Pour l'instant, le dalaï-lama est un symbole, un symbole du Tibet. C'est pourquoi il est important. Plus tard, dans trente ou quarante ans, je ne sais pas : tout change.

Au demeurant, des êtres possédant toutes les qualités requises pour être dalaï-lama, il y en a toujours. L'incarnation d'un Bouddha ou d'un *bodhisattva* continue de se manifester quoi qu'il arrive, et pas seulement sous forme humaine…"

Double page suivante : *le Potala, palais d'hiver des dalaï-lamas et naguère siège du gouvernement tibétain à Lhassa.*

CHAPITRE 30

LE LOTUS

D'OMBRE ET DE LUMIÈRE

OMNIPRÉSENTE DANS LES REPRÉSENTATIONS BOUDDHIQUES, LA FLEUR DE LOTUS SEMBLE INDISSOCIABLE DES DIVINITÉS QUI PEUPLENT ce monde où, étroitement mêlées, ombres et lumières n'en finissent pas de jouer à cache-cache sur l'Octuple Sentier de l'Éveil. Symbole cardinal, le lotus l'est depuis la nuit des temps védiques indiens : qu'il soit ouvert ou en bouton, blanc, rose, rouge ou bleu, il est associé à un aspect déterminé de l'enseignement, ou de la sagesse, et il en traduit un trait révélateur.

Rappel implicite de la vraie nature de l'homme, le lotus y renvoie par analogie : il a beau naître dans la fange boueuse des étangs assoupis, une fois qu'il a traversé la perfide douceur de l'eau, il jaillit et s'épanouit dans l'air ou à sa surface comme un miracle d'harmonie perpétuellement renouvelé. La fascination qu'il exerce depuis si longtemps sur l'esprit des hommes a conduit les artistes d'Asie à le choisir comme assise privilégiée des Bouddhas et des *bodhisattvas*, tandis qu'il est dans le même temps l'un des attributs les plus fréquents des divinités protectrices ou bienveillantes. Le Protecteur attitré du Haut-Pays, Chenrésig, est incarné parmi les hommes par son émanation le dalaï-lama, qui porte le titre de Seigneur du Lotus Blanc, cette couleur qui résume en elle toutes les autres symbolisant la perfection spirituelle du Bouddha.

Rose, le lotus est l'apanage de Siddhārta, le Bouddha historique. Rouge, la fleur représente la compassion, ou encore la nature originelle des *bodhisattvas*, et est alors directemnt associée à Avalokiteshvara-Chenrésig, tandis que le lotus bleu, toujours figuré en bouton, est un emblème distinctif de Manjushri, *bodhisattva* de la connaissance, celui qui est l'image de la victoire de l'esprit sur les sens.

Sa double nature fait parallèlement du lotus un symbole solaire, dans la mesure où les variations de sa floraison se déclinent en fonction de la puissance de l'astre. Ses huit pétales stylisés renvoient naturellement à l'Octuple Sentier, et il accompagne les Tibétains dans la psalmodie en solitaire, il peut symboliser le Bouddha lui-même, voire le double aspect, masculin et féminin, de la divinité : entre la corolle et la tige, il y a une complicité qui est aussi complémentarité, comme sont complémentaires l'ombre et la lumière qui sculptent les creux et les bosses de l'existence quotidienne.

La fleur sacrée du bouddhisme dans toutes ses versions.

GLOSSAIRE

BARDO : état intermédiaire, entre-monde

BHIKSHU/BHIKSHUNI : moine, moniale

BODHISATTVA : être éveillé qui, par compassion, renonce au nirvana pour aider tous les êtres qui souffrent

BÖNPO : croyance prébouddhique au Tibet, d'essence chamanique

CHAKRA/KHORLO : roue, disque, cercle, symbole de l'enseignement bouddhiste

CHAM : danses sacrées cérémonielles

CHATURMAHARAJA : repère de comptage dans le rosaire tibétain

CHORTEN/STÛPA : reliquaire, peut servir de tombeau

CÎNTAMANI : le joyau qui exauce tous les désirs ; symbole de l'esprit libre

DAKÎNI : divinité féminine

DAMARÛ : petit tambour rituel

DHARMA : loi du Bouddha

DOB-DOB : moine gardien de l'ordre dans les monastères

DORJE/VAJRA : foudre

DRÎLBU/GHANTA : clochette rituelle

GARÛDA : oiseau mythique

GELOUG-PA : école bouddhiste fondée au XIVe siècle par le réformateur Tsong-Khapa à laquelle appartient notamment le dalaï-lama

GRIGUG/KARTÎKA : couperet rituel

GYALING : instrument de musique

KADAM-PA : école bouddhiste tibétaine

KAGYU-PA : école de la transmission orale, fondée par Marpa et dont Milarêpa l'ascète-poète est l'un des représentants les plus connus

KÂLACHAKRA : la Roue du Temps, initiation bouddhiste du plus haut niveau

KALASHA : vase, coupe (généralement remplis de l'élixir d'immortalité)

KANGLING : instrument de musique

KÂPÂLA : coupe rituelle

KARMA : loi de causalité dans la philosophie bouddhiste

KARMAPA : chef de l'école bouddhiste tibétaine des Kagyu-pa

KHATA : écharpe cérémonielle, dite de félicité

KOR-TEN : moulin à prières

LAM-RIM CHENMO : ouvrage majeur de Tsong-Khapa, *La Voie graduée vers l'Éveil*

LUNGTA : cheval de vent, porte-bonheur

MADHYAMÎKA : école philosophique de la Voie médiane, ou du milieu

MAHASIDDHA : "Grand Accompli", quatre-vingt-quatre saints et sages du Vajrayâna

MAHÂYÂNA : école dite du Grand Véhicule

MÂLÂ : rosaire

MANDALA : cercle mystique, organigramme de l'Univers ou demeure divine

MANI : abréviation de la formule sacrée *Om Mani Peme Hum*

MANTRA : invocation mystique

MÖNLAM CHENMO : prière pour le bonheur de tous les êtres

MUDRÂ : geste rituel sacré

NIRVANA : état de félicité, paradis

NORBÛ : joyau précieux

NYINGMA-PA : école des Anciens fondée au VIIIe siècle par Padmasambhava

PADMA/PÉMA : lotus

PARINÎRVANA : le grand départ du Bouddha historique

PHURBU : dague sacrée ou magique

RADONG : trompe musicale

SADHANA : rituel de description et dévotion d'une divinité Sakya-pa "terre grise", école bouddhiste majeure datant du XIe siècle

SANGHA : communauté monastique

SAPTARATNA/RINCHEN NA-DUN : les sept précieux trésors

STÛPA : cf. *chorten*

TANTRA : rituel mystique, base du tantrisme ésotérique

THANGKA : peinture sur soie ou coton en rouleau

THERAVADA : école dite du Petit Véhicule

TORMA : offrande de farine et de beurre

TSAMPA : farine d'orge, base de la nourriture tibétaine

TSOK : offrande

TULKU : corps de réincarnation

VAJRÂ/DORJE : foudre

VAJRAYÂNA/TANTRAYÂNA : école dite du Véhicule de Diamant, particulière au Tibet

VINAYA : code de discipline bouddhique

YIDAM : divinité personnelle, gardien personnel du fidèle, ou divinité principale du mandala

REMERCIEMENTS

À tous ceux qui, par leurs connaissances et leur savoir-faire, ont contribué à réaliser cet ouvrage dans une atmosphère de cordiale collaboration. À Marc-Alain Ouaknin, pour le clin d'œil. À Alessandri, peintre du réalisme fantastique, qui nous a généreusement ouvert sa collection à Giaveno. À Claudio Tecchio de Carmagnola, et Bruno Portigliatti, de Giaveno. À Mema d'Evionnaz, à Sushil Lama, Pasang, et toute l'équipe de Happy Valley Guesthouse de Katmandou. À Tenzin Geyche Tethong et au vénérable Lhakdor, à Péma-la, de Dharamsala. À mon premier et plus fidèle lecteur de toujours. À Sa Sainteté le Dalaï-Lama qui m'a ouvert la Voie.

L'éditeur tient à remercier Monsieur Jean-Claude Buhrer-Solal de sa contribution aux photographies de ce livre, Monsieur Sumand Shyamananad, ministre conseiller à l'ambassade royale du Népal, et tous les monastères de Bodnath de la qualité de leur accueil. Ainsi que Philippe Sebirot de sa participation à la création des images, et Daniel Delisle, Frédéric Lenoir, Jacqueline Hartley et Adeline de leur aide à la réalisation de cet ouvrage.

CRÉDITS PHOTOGRAPHIQUES :
J.-Cl. Buhrer-Solal p.13, 19, 111, 122-123 et 129. Planet © Olivier Föllmi p.17 et 27.

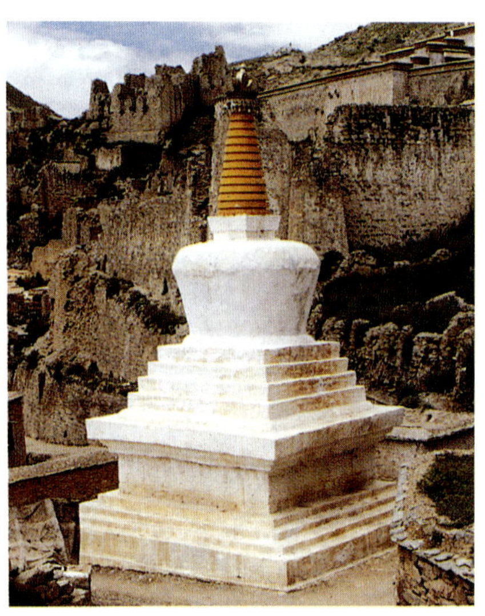

Des siècles durant, Ganden a été un pnare
de la civilisation tibétaine. Méthodiquement détruit
lors de la révolution culturele, ce monastère
symbolise aujourd'hui à la fois un ethnocide silencieux
et la volonté de durer du peuple tibétain.